네 이름이 무엇이냐

사탄, 그 존재에 관하여

네 이름이 무엇이냐
사탄, 그 존재에 관하여

전원희 지음

초판 3쇄 발행 2025년 4월 5일

발행처 도서출판 이레서원
발행인 문영이
출판신고 2005년 9월 13일 제2015-000099호

기획·마케팅 도전욱
편집 송혜숙
총무 곽현자

경기도 고양시 일산동구 백석로71번길 46, 1층 1호
Tel. 02)402-3238, 406-3273 / Fax. 02)401-3387
E-mail: Jireh@changjisa.com
Facebook: facebook.com/jirehpub

책값은 표지에 있습니다.

ISBN 978-89-7435-623-1 03230

신저작권법에 의해 한국 내에서 보호받는 저작물이므로 저작권자의 서면 허락 없이 이 책의 어떠한 부분이라도 전자적인 혹은 기계적인 형태나 방법을 포함해서 그 어떤 형태로든 무단 전재하거나 무단 복제하는 것을 금합니다.

네 이름이 무엇이냐

사탄, 그 존재에 관하여

전원희 지음

이레서원

감사의 글

 이 책이 나오기까지 도움을 주신 분들을 모두 나열한다면 지면이 부족할 것 같습니다. 그중에서도 몇 분에게 특별히 감사를 전하고 싶습니다.
 가장 먼저 감사하고 싶은 분은 이 책의 주제인 '사탄'을 논문으로 내기까지 길을 안내해 주신 홍국평 교수님입니다. 교수님은 구약성경에 관한 시각을 넓게 열어 주셨고, 저의 단조로운 글이 학술적 글이 될 수 있도록 지도해 주셨습니다. 특별히 학문을 하는 자가 지녀야 할 '겸손함'을 마음에 새겨 주셨음에 감사합니다. 졸업 후에도 사제 간의 좋은 관계를 지속해 주시고, 이 책의 추천사까지 써 주신 교수님의 사랑에 감사합니다.
 또한 학위 과정에 집중할 수 있도록 도와주셨던 강남새사람교회 전기철 목사님과 교인분들의 기도와 배려에 감사를 전합니다. 공부할 수 있는 기회를 열어 주시고, 용기를 주셨습니다.
 이 책의 기획 단계부터 주제에 흥미를 가져주시고, 적극적으로 지지해 주신 김정태 실장님과 글을 아름답게 편집해 주신 송혜숙 과장님, 그리고 출판을 결정해 주신 이레서원 김기섭, 문영이 대표님께 감사합니다. 그리고 추천사까지 정성껏 써 주셨을 뿐 아니라, 이레서원과 연결 다리를 놓아 주신 오늘의 신학공부 대표이자, 랜선신학교 학장이신 장민혁님께도 감사를 표하지 않을 수 없습니다.

섬기고 있는 오후다섯시교회를 함께 시작한 이민주, 김준영, 이민경, 손정원님은 언제나 든든한 지원자들이기에 감사합니다. 무엇보다 항상 기도로 응원해 주시는 양가 부모님을 빼놓을 수 없습니다. 그리고 제가 하는 일을 믿고 응원해 주는 아내 조경진에게 제 모든 마음을 담아 고맙다고 말하고 싶습니다.

그리고 이 모든 분을 만나게 해 주신 하나님의 은혜에 감사합니다.

2023년 봄의 따스함을 느끼는 어느 날

추천사

사도 바울은 "우리로 사탄에게 속지 않게 하려 함이라 우리는 그 계책을 알지 못하는 바가 아니로라"(고후 2:11)라고 하면서 마귀의 계책을 알면 속지 않게 될 것이라고 한다. 이 책 『네 이름이 무엇이냐』는 마치 숨기고 감추어진 마귀의 계책을 고스란히 드러내는 것 같다. 마귀는 속이는 자와 하나님을 대적하는 자로 우리 앞에 있지만, 결국 그는 하나님 안에 있는 피조물이며, 한계가 있고, 악의 원인을 제공하기는 하지만 결국 패배자가 될 것이다. 사탄을 설명하는 데 많은 할애를 하는 책이지만, 역설적이게도 읽다 보면, 하나님의 전능하심이 더욱 두드러진다. 사탄에 대한 어렵던 개념들이 이 한 권으로 모두 정리가 될 것이다.

고상섭(그사랑교회 담임, CTCKorea 이사)

'창조주이신 하나님이 사탄도 창조하셨을까?' '영적 전쟁이란 무엇일까?' 기독교 신앙을 가진 사람이라면 한번쯤은 자문해 보았을 질문들이다. 저자 역시 이런 질문들로부터 연구를 시작하며 구약성경과 중간기 유대 문헌들을 검토한다. 그리고 기독교와 유대교가 왜 서로 다르게 사탄의 개념을 발전시키고 수용했는지, 초기 기독교인들은 사탄을 어떻게 이해했는지, 또한 초기 한국 기독교 안에서 일어난 축귀 사역은 어떤 형태로 발전했는지로 연구를 확장한다. 구약에서 시작해서 현재 한국 기독교가 인식하고 있는 사탄의 개념까지 아우르고 있는 이 책은 한국 교회 성도들의 영적 존재에 대한 건강한 이해와 신앙 형성에 기여하는 유익한 책임에 분명하다.

김관성(낮은담교회 담임)

"원래 그래." 나는 이 말에 저항하고 싶어 신학을 시작했는지도 모른다. "원래 그렇다"는 한마디 말로 교회의 모든 관습과 형식만 남아 버린 언어 사용을 정당화하기는 어려워 보였다. 이런 내 의구심에 해답의 실마리를 제공해 준 것이 수용사 연구다. 개념은 살아 있는 생물과도 같아서, 세월 속에서 자라고 변화해 왔음을 알게 되었다. 그리고 그 개념이 남긴 발자취를 더듬으며 공백으로 남겨진 의미의 행간을 메우는 작업이 수용사인 셈이었다. 저자가 이 책에서 시도한 작업은 이런 점에서 내 오랜 궁금증 중 하나를 해소해 주었다. 저자는 사탄이 어떻게 이해되고 받아들여져 왔는지를 방대한 문헌 연구와 충실한 분석을 통해 꼼꼼하게 정리해 준다. 그리고 나아가서, 이렇게 얻게 된 안목을 통해 '축귀' 사역을 한국적 정황에서 어떻게 이해해야 할지를 논한다. "원래 그래"라는 평면적인 답변에 지쳤다면, 수용사 연구를 통해 점을 선으로, 선을 면으로 바라보며 입체적인 해답을 찾아가는 이 책을 읽어 보기를 추천한다.

장민혁 (오늘의 신학공부 대표, 랜선신학교 학장)

우리가 아는 악마 '사탄'의 존재가 구약성경에 미미하게 나온다는 것은 널리 알려진 사실이다. 성경 혹은 구약 개론을 가르칠 때마다 이 주제가 나오곤 하는데, 학생들의 반응을 보는 것이 자못 재밌다. 나는 '성경적' 신앙을 가지고 있다고 자부하는 학생들이, 자신이 아는 사탄이 구약성경에 기반을 두지 않았다는 다소 도발적인 말을 들었을 때 어떤 감정의 회오리에 휩싸이는지 또 어떻게 대응하는지 유심히 살펴보곤 한다. 가장 흥미로운 반응은

굳건한 신념이다. 내가 믿은 것이 성경에 없을 수 없다는 굳건한 믿음 말이다. '굳건한 믿음'이라는 표현을 부정적으로 사용하는 일은 거의 없었을 것 같다. 하지만 성경에 없는 것을 성경적이라고 굳건히 믿어 왔다면? 학생들은 이런 질문을 꽤나 거북해한다. 몇몇은 나를 고약한 질문으로 학생을 시험에 들게 하는 나쁜 선생으로 본다. 물론 회피는 우리에게 평안을 준다. 하지만 평생 내가 무엇을 믿고 있는지에 대해, 내가 믿는 것은 어떻게 만들어진 것인지에 대해 진지하게 고민해 볼 기회를 빼앗겼다는 개운치 못한 뒷맛은 어떻게 할까.

신학 하는 사람은 하나님, 삶, 신앙을 탐구하고자 한다. 신성하고 고결한 앎에의 욕구가 그들을 추동한다. 성경학도는 성경이 하나님과 삶을 알아 가는 데 어떤 도움을 주는지 더 정교히 탐구하고 싶어 한다. 그런데 성경을 탐구하면 할수록 때로 우리가 알던 신, 인간, 세상이 성경이 기술한 것과 다르다는 것을 목도하게 된다. 그때 우리는 우리의 만들어진 믿음에 대해 고찰할 소중한 기회를 얻는다. 내가 목숨처럼 지키려 하는 그 신념이 성경에 뿌리를 두고 있지 않다는 것은, 또 다른 시간과 공간의 누군가가 그 신념을 목숨처럼 지키기 위해 노력한 결과라는 것을 알게 된다.

유대-기독교 역사 속 수많은 이가 악의 근원을 이해하려고 노력해 왔다. 얄궂게도 성경은 악의 본질과 근원에 대해 완벽하고 분명한 답을 제공하지 않는다. 하지만 예나 지금이나 '모른다'는 답에 만족하지 못한 이들 역시 많았고, 그들은 끝없이 사유하고 답을 찾아 헤맸다. 우리가 믿는 많은 것은 실타래같이 얽힌 그들의 끝없는 질문에서 태동했다. 이 말을 참 위험하게 받는 이들이 많을 것을 안다. 하지만 우리가 신념 하는 것 앞에 솔직할 수 있다면, 이것만큼 우리를 겸허하게 만드는 깨달음은 없다. 우리가 믿는 많은 것은 성경에 있는 것이 아니라 성경에서 시작한 것, 마땅히 성경이 말했어야 한다고 생각되는 것의 부재에서 시작했다. 내가 믿는 내용이 성경에 없음을 깨닫는 것은 존재의 깊이를 앗아 갈 듯 두렵다. 하지만 그 두려움은 성경에의 경외로 회귀해야 한다. 우리가 믿는 많은 것이 성경에서 시작된 작은 몸짓의 파장이요 성경이 시작한 대화의 귀결이기 때문이다.

사람들은 이 지점에서 우리의 탐구 목표가 성경적인 것과 비성경적인 것을 구분하는 데 있다고 생각할 것이다. 그런데 다르게 생각한 사람들이 있었다. 텍스트와 전통은 구분할 수 있는 것이 아니라 전통이 텍스트의 일부라는 것, 텍스트가 시작한 몸짓을 오늘에 완성하고 그 숨겨진 의미 가능성을 찾아가는 끝없는 여정이라는 사실, 결국 우리의 해석이 텍스트를 다시 써 가는 노력이라는 두렵고 떨리는 깨달음에 이르게 한다. 성경에 있지 않은 것을 성경에 있다고 믿어 왔다는 사실 자체가 해석 전통의 구성적 힘을 알려 주는 것이 아닐까.

전원희 목사는 영향사 혹은 수용사라고 부르는 이런 학술 담론을 통해 우리가 아는 '사탄'이 만들어진 역사를 되짚어 보자고 말을 걸어온다. 정답을 찾기보다 이 대화에 참여하며 함께 생각해 보자.

21세기 첨단의 시대에 사탄을 논하는 게 우스꽝스러울 수 있다. 하지만 한국 교회에서 사탄은 여전히 중요하다. 아니 꼭 필요한 존재다. 마치 이 책이 소개하는 역사 속 유대교, 기독교 공동체에서 그랬던 것처럼. 이 책을 통해 우리가 사탄을 이용해 온 방식이 불편해진다면, 그것으로 이 책은 누군가에게 의미 있는 대화의 시작점이 될 것이다.

홍국평(연세대학교 신과대학/연합신학대학원 구약학 교수)

차례

- 감사의 글 · 4
- 추천사 · 6
- 약어표 · 13
- 서론 · 17

제1부 사탄, 그 수용의 역사

1. 사탄은 인격적 존재인가? · 27
― 인격적 사탄 개념의 발전

1) 구약성경에 나타난 사탄 이해 · 29
(1) 스가랴 ― 제한된 존재로서의 사탄 · 29
(2) 욥기 ― 적극적인 행위 주체로서의 사탄 · 33
(3) 역대상 ― 독립적 존재로 변화하는 사탄 · 37

2) 중간기 유대 문헌에 나오는 사탄 이해 · 43
(1) 구약 위경 ― 사탄의 여러 이름 · 43
(2) 쿰란 문헌 ― 묵시적 배경에서 본 사탄 · 56

2. 기독교와 유대교의 선택적 사탄 수용과 · 62
   정체성 형성

   1) 기독교 문헌의 사탄 수용 · 62
   (1) 한계적 존재 · 65
   (2) 대적자 · 66
   (3) 패배자 · 74
   (4) 악의 원인 · 81
   (5) 통치자 · 86

   2) 유대 문헌의 사탄 수용 · 88
   (1) 미드라쉬 랍바 · 89
   (2) 탈무드 · 94

3. 사탄을 어떻게 이해할 것인가? · 111

   부록 | 뱀은 사탄인가? · 122

제2부 초기 기독교의 축귀

1. 예수의 이름으로 · 133
2. 신약성경의 축귀 · 135
3. 교부 문헌 · 141

| **결론** | 행함으로 믿음을 보이라(약 2:18) · 149

- 참고 문헌 · 162

약어표

1 Apol.	*First Apology*
1 En.	1 Enoch (Ethiopic Apocalypse)
1QM	Milḥamah *or* War Scroll
1QS	Serek Hayaḥad *or* Rule of the Community
2 En.	2 Enoch (Slavonic Apocalypse)
3 Bar.	3 Baruch (Greek Apocalypse)
AB	Anchor Bible
ABD	*Anchor Bible Dictionary*
Adv. Haer.	*Against Heresies*
Apoc. Mos.	Apocalypse of Moses
Apol.	*Apology*
ATD	Das Alte Testament Deutsch
AYB	Anchor Yale Bible
AYBRL	Anchor Yale Bible Reference Library
Autol.	*To Autolycus*
b. B. Bat.	Babylonian Talmud Baba Batra
b. Ber.	Babylonian Talmud Berakot
b. Giṭ.	Babylonian Talmud Giṭṭin
b. Ketub.	Babylonian Talmud Ketubbot
b. Roš Haš.	Babylonian Talmud Roš Haššanah
b. Qidd.	Babylonian Talmud Qiddušin
b. Šabb.	Babylonian Talmud Šabbat
b. Sanh.	Babylonian Talmud Sanhedrin
b. Sukkah	Babylonian Talmud Sukkah
b. Yoma	Babylonian Talmud Yoma (= Kippurim)
BECNT	Baker Exegetical Commentary on the New Testament
Bib	*Biblica*
BibInt	Biblical Interpretation Series
BZAW	Beihefte zur Zeitschrift für die alttestamentliche Wissenschaft

CBQ	Catholic Biblical Quarterly
CBQMS	Catholic Biblical Quarterly Monograph Series
CD	Cairo Genizah copy of the Damascus Document
CEJL	Commentaries on Early Jewish Literature
DDD	Dictionary of Deities and Demons in the Bible
Dial.	Dialogue with Trypho
DSD	Dead Sea Discoveries
EKKNT	Evangelisch-Katholischer Kommentar zum Neuen Testament
EncJud	Encyclopaedia Judaica
FAT	Forschungen zum Alten Testament
FC	Fathers of the Church
Gen. Man.	De Genesi contra Manichaeos
Gen. Rab.	Genesis Rabbah
Haer.	Refutation of All Heresies
HeyJ	Heythrop Journal
Hom. Gen.	Homiliae in Genesim
HSM	Harvard Semitic Monographs
HUCA	Hebrew Union College Annual
ICC	International Critical Commentary
Ign. Eph.	Ignatius, To the Ephesians
Ign. Magn.	Ignatius, To the Magnesians
Ign. Trall.	Ignatius, To the Trallians
ISBL	Indiana Studies in Biblical Literature
JAAR	Journal of the American Academy of Religion
JAOS	Journal of the American Oriental Society
JETS	Journal of the Evangelical Theological Society
JBL	Journal of Biblical Literature
JSJ	Journal for the Study of Judaism in the Persian, Hellenistic, and Roman Periods
JSNT	Journal for the Study of the New Testament
JSOT	Journal for the Study of the Old Testament

JSOTSup	Journal for the Study of the Old Testament Supplement Series
Jub.	Jubilees
LAE	Life of Adam and Eve
LCL	Loeb Classical Library
Lev. Rab.	Leviticus Rabbah
LHBOTS	The Library of Hebrew Bible/Old Testament Studies
LNTS	The Library of New Testament Studies
m. Šeb.	Mishnah Šebi'it
m. Sanh.	Mishnah Sanhedrin
m. Yoma	Mishnah Yoma (= Kippurim)
Marc.	*Against Marcion*
NAC	New American Commentary
NICOT	New International Commentary on the Old Testament
NICNT	New International Commentary on the New Testament
NIGTC	New International Greek Testament Commentary
NTL	New Testament Library
NovT	*Novum Testamentum*
NTS	*New Testament Studies*
OTG	Old Testament Guides
OTL	Old Testament Library
OTP	Old Testament Pseudepigrapha
Pol. *Phil.*	Polycarp, *To the Philippians*
Princ.	*First Principles*
SBLDS	Society of Biblical Literature Dissertation Series
SBLRBS	Society of Biblical Literature Resources for Biblical Study
SJ	Studia Judaica
SNTSMS	Society for New Testament Studies Monograph Series
SubBi	Subsidia Biblica
T. Ash.	Testament of Asher
T. Benj.	Testament of Benjamin
T. Dan	Testament of Dan

T. Iss.	Testament of Issachar
T. Jos.	Testament of Joseph
T. Jud.	Testament of Judah
T. Levi	Testament of Levi
T. Naph.	Testament of Naphtali
T. Reu.	Testament of Reuben
T. Sim.	Testament of Simeon
T. Sol.	Testament of Solomon
TBN	Themes in Biblical Narrative
TDNT	*Theological Dictionary of the New Testament*
TDOT	*Theological Dictionary of the Old Testament*
TJ	*Trinity Journal*
TOTC	Tyndale Old Testament Commentaries
TynBul	*Tyndale Bulletin*
VCSup	Supplements to Vigiliae Christianae
VT	*Vetus Testamentum*
VTSup	Supplements to Vetus Testamentum
WBC	Word Biblical Commentary
WTJ	*Westminster Theological Journal*
WUNT	Wissenschaftliche Untersuchungen zum Neuen Testament
y. Ber.	Jerusalem Talmud Berakot
y. Šabb.	Jerusalem Talmud Šabbat
ZAW	*Zeitschrift für die alttestamentliche Wissenschaft*
ZNW	*Zeitschrift für die neutestamentliche Wissenschaft und die Kunde der älteren Kirche*

서론

기독교 신앙을 가지고 있든 그렇지 않든 누구나 이런 생각을 한번쯤은 해 보지 않았을까? '사탄은 어떤 존재일까? 귀신은 있을까? 사탄과 마귀와 귀신은 같은 존재일까?' 기독교 신앙을 가진 이들이라면 이런 고민까지도 할 것이다. '사탄은 하나님이 창조하신 피조물일까?' 필자 역시 이런 다양한 고민을 가지고 살아왔다. 하지만 무엇 하나 시원한 답을 내릴 수 없었다. 그리고 교회에서 흔히 말하는 '영적 전쟁'에 관한 내용도 그다지 와닿지 않았다. 그렇다면 이런 존재들에 대해서 어떻게 이해해야 할까?

창세기 1-2장에 나오는 창조 이야기의 수용사(Reception History)를 연구하던 중에 드디어 그 실마리를 발견했다. 유대교 문헌 창세기 랍바(Genesis Rabbah)에서 이 문장을 읽은 것이다. "하나님께서 사탄을 창조하셨다." 성경책에서는 볼 수 없는 내용이었다. 유대 문헌에 실려 있는 내용이 나와 무슨 상관이 있을까 싶으면서도, 다른 한편으로는 '왜 유대인들이 이렇게 생각했을까?' 그리고 '기독교인들의 이해와 차이가 있는 것 같은데 그 차이는 왜, 어디에서부터 시작된 것일까?'라는 의문이 들었다. 그래서 이 주제로 학위 논문을 쓰게 되었다. 하지만 의문은 거기에서 끝나지 않았고, 과거의 사람들이 이해했던 사탄을 오늘날 우리가 어떻게 이해해야 하는지 또 다른 의문이 들었다. 이 책은 바로 그러한 고민의 결과물이다.

이 책은 크게 두 부분으로 나뉜다. 제1부에서는 구약성경부터 중간기 유대 문헌에 이르기까지 사탄을 인격적으로 보는 개념이 어떻게 발전되었는지를 설명한다. 그동안 많은 학자가 사탄 개념의 발전사를 연구했다. 러셀(J. B. Russell)은 악마와 문화의 관련성에 관심을 두었다.¹ 페이절스(E. Pagels)는 사탄을 사회적 함의가 담긴 인간 갈등 사이에서 일어난 적으로 정의를 내리고 연구했다.² 이윤경은 중간기 문헌 일부에 나타난 사탄과 벨리알, 마스테마의 의미 변천을 조사했다.³ 송혜경은 사탄의 의미의 발전 과정을 연구했다. 특별히 그녀의 관심사는 사탄이 어떻게 영지주의자들에게서 세상의 창조주로 인식되었는지를 알아내는 것이었다.⁴

---

1 제프리 버튼 러셀, 『데블: 고대로부터 원시 기독교까지 악의 인격화』, 르네상스 라이브러리 10; 악의 역사 1, 김영범 역 (서울: 르네상스, 2006[Jeffrey Burton Russell, *The Devil: Perception of Evil from Antiquity to Primitive Christianity*, Ithaca: Cornell University Press, 1987]); 제프리 버튼 러셀, 『사탄: 초기 기독교의 전통』, 르네상스 라이브러리 11; 악의 역사 2, 김영범 역 (서울: 르네상스, 2001[Jeffrey Burton Russell, *Satan: The Early Christian Tradition*, Ithaca: Cornell University Press, 1987]).
2 일레인 페이절스, 『사탄의 탄생』, 권영주 역 (서울: 루비박스, 2006[Elain Pagels, *The Origin of Satan: the New Testament Origins of Christianity's Demonization of Jews, Pagans and Heretics*, London, New York, Allen Lane: Random House, 1995]).
3 이윤경, "벨리알과 사탄에 대한 역사적 개념 변천 연구", 『한국기독교신학논총』 76 (2011), 35-54.
4 송혜경, 『사탄, 악마가 된 고발자』 (의정부: 한님성서연구소, 2019).

스톡스(R. E. Stokes)는 히브리 성경부터 주후 1세기경의 문학까지 사탄에 대한 개념적 발전을 통시적으로 살펴보며, 사탄을 향한 믿음의 기원, 형성 및 재구성의 역사를 조사했다.[5] 이 연구들이 다룬 문헌은 대부분 구약성경, 구약 위경, 신약성경이었다. 이 연구들의 자료 선별은 초기 기독교의 관점에서 이루어졌기 때문에 그 관점에서 정리된 사탄의 개념의 발전만을 본다는 한계가 있다.

중간기 유대 문헌에서는 사탄을 악과 연결하고, 악의 원인을 찾으려는 시도들이 많았다. 그래서 학자들은 핵심 본문이었던 창세기 6:1-4을 수용사를 통하여 사탄의 개념이 어떻게 발전했는지를 살피는 연구들을 진행했다.[6] 그러나 이는 에녹1서 또는

---

5   Ryan E. Stokes, *The Satan: How God's Executioner Became the Enemy* (Grand Rapids, Mich.: Eerdmans, 2019).
6   Loren T. Stuckenbruck, "The Origins of Evil in Jewish Apocalyptic Tradition: The Interpretation of Genesis 6:1-4 in the Second and Third Centuries B.C.E.", in *The Fall of the Angels* 6, eds. Christoph Auffarth and Loren T. Stuckenbruck, TBN (Leiden; Boston: Brill, 2004), 87-118; Annette Yoshiko Reed, *Fallen Angels and the History of Judaism and Christianity: the Reception of Enochic Literature* (Cambridge, New York: Cambridge University Press, 2005); Archie T. Wright, *The Origin of Evil Spirits: The Reception of Genesis 6.1-4 in Early Jewish Literature*, WUNT 2. Reihe, 198 (Tübingen: Mohr Siebeck, 2005); Todd R. Hanneken, "The Watchers in Rewritten Scripture: The Use of the Book of the Watchers in Jubilees", in *The Fallen Angels Traditions*, eds. Angela Kim Harkins, Kelley Coblentz Bautchand John C. Endres, CBQMS 53 (Washington, DC: Catholic Biblical Association, 2014), 25-68; Kelley Coblentz Bautch, "The Fall and Fate of Renegade Angels: The Intersection of Watchers Traditions and the Book of Revelation", in *The Fallen Angels Traditions*, eds. Angela Kim Harkins, Kelley Coblentz Bautchand John C. Endres, CBQMS 53 (Washington, DC: Catholic Biblical Association, 2014), 69-93; Silviu N. Bunta, "Dreamy Angels and Demonic Giants: Watcher Traditions and the Origin of Evil in Early Christian Demonology", in *The Fallen Angels Traditions*, eds. Angela Kim Harkins, Kelley Coblentz Bautchand John C. Endres, CBQMS 53 (Washington, DC: Catholic Biblical Association, 2014), 116-38.

감시자들의 책을 중심으로 하는 특정 주제나 제2 성전기라는 특정 시대에 치중하여 단편적으로 연구한 것이다. 그래서 구약성경에서 중간기 유대 문헌으로 이어지는 사탄 개념의 다양한 의미 발전을 볼 수 없다. 또한 그들은 기독교 문헌이나 유대 문헌 중 감시자들의 타락 모티브와 연결될 수 있는 것만을 선택하기 때문에 그 외의 문헌에서 드러나는, 사탄의 개념을 어떻게 수용하는지를 볼 수 없다는 한계가 있다.

그래서 이 책에서는 초기 기독교와 유대교의 사탄의 개념 수용을 비교하기 위해 두 종교 내에서 큰 권위를 가진 문헌들인 구약성경과 중간기 유대 문헌들을 살펴보려고 한다. 1장에서는 구약성경 스가랴, 욥기, 역대상을 다루면서 사탄을 인격적으로 보는 개념의 발전을 연구한다. 하지만 구약성경에는 사탄의 기원, 구체적 기능, 존재의 선악, 인간에게 주는 영향 등에 관한 내용이 거의 나오지 않는다. 이 책의 뒤에서 다루게 될 신약성경과 초대 교부들은 사탄을 하나님을 대적하고, 악한 존재이며, 인간에게 악영향을 미치는 존재로 인식한다. 이는 중간기에 발전한, 사탄을 보는 시각을 수용한 결과다.

2장에서는 중간기에 유대 고대 독자들이 발전시킨 사탄의 특징을 정리한다. 첫째, 사탄은 타락한 천사다. 고대 독자들은 창세기 6:1-4의 본문에서 '하나님의 아들들'을 '천사'로 해석하고,[7]

---

[7] 창세기 6:1-4의 '하나님의 아들들'을 천상의 존재라기보다는 지상의 인간으로 해석하는 의견들도 있다. Meredith G. Kline, "Divine Kingship and Genesis 6:1-4", *WTJ* 24, no. 2 (1962): 187-204; A. R. Millard, "A New Babylonian 'Genesis' Story", *TynBul* 18 (1967): 12; 브루스 K. 월

악의 기원을 설명하려 했다.[8] 둘째, 에덴동산에 있었던 뱀은 사탄이다. 셋째, 사탄은 하나님을 대적하기 위해 인간을 끌어들인다. 넷째, 사탄은 악이다. 중간기의 고대의 독자들은 사탄이 가진 감시자 기능과 하나님과 상관없이 독립적으로 존재한다는 인격화된 사탄의 특징에 더해 사탄과 악을 연결하여 사탄의 개념을 발전시켰다.

중간기 유대 문헌에서 악한 존재로 의미가 발전된 사탄은 초기 기독교와 유대교가 받아들이는 태도에서 큰 차이가 나타난다. 신약성경에서 사탄은 하나님과 인간을 대적하는 독립적인 존재다. 하지만 마지막 순간까지 하나님께 대항하는 것처럼 보여도 결국은 패배할 수밖에 없는 한계적 존재다. 니케아 공의회가 일어나기 전의 초대 교부들에게서도 같은 흐름이 이어진다. 이런 사탄의 모습은 중간기에 발전된 사탄의 개념과 유사하다. 그러나 초대 교부들의 문헌에는 중간기 문헌에 자주 언급되는 악의 기원은 나타나지 않고, 사탄의 존재가 이미 전제되어 있다. 이와 달리 초기 랍비 유대교의 주석서 중 하나인 창세기 랍바와 레위기 랍바에서는 사탄이 고발자로 나타난다. 또한 창세기

키, 캐시 J. 프레드릭스, 『창세기 주석』, 김경열 역 (서울: 새물결플러스, 2018[Bruce K. Waltke and Cathi J. Fredricks, *Genesis: A Commentary*, Grand Rapids, Mich.: Zondervan, 2001]), 200-1.

8 Gerald B. Cooke, "The Sons of (the) God(s)", *ZAW* 76, no. 1 (1964): 22-47; Paul D. Hanson, "Rebellion in Heaven, Azazel, and Euhemeristic Heroes in 1 Enoch 6-11", *JBL* 96, no. 2 (1977): 195-233; George W. E. Nickelsburg, "Apocalyptic and Myth in 1 Enoch 6-11", *JBL* 96, no. 3 (1977): 383-405; Willem A. VanGemeren, "The Sons of God in Genesis 6:1-4 (an example of evangelical demythologization)", *WTJ* 43, no. 2 (1981): 345-6.

랍바는 이전 문헌에서는 언급되지 않았던 사탄 창조를 언급한다. 그리고 예루살렘 탈무드와 바빌론 탈무드에서도 사탄이 고발하는 모습으로 나타난다. 오직 바빌론 탈무드에서만 유대 문헌 중 유일하게 사탄이 악한 성향, 죽음의 천사와 동일시된다. 이처럼 초기 랍비 유대교에서는 중간기 문헌에서 확인할 수 있었던 사탄의 모습을 찾기 힘들다.

  그렇다면 왜 초기 랍비 유대교는 구약성경에 나오는 사탄만 수용하고, 사탄에 대한 새로운 전승을 만들어 냈을까? 그들은 왜 초기 기독교가 받아들인, 중간기 유대 문헌의 인격화된 사탄의 모습을 수용하지 않았을까? 이렇게 기독교와 유대교가 구약성경과 중간기 유대 문헌을 공유하고 있음에도 불구하고 왜 사탄에 대한 서로 다른 개념을 수용하게 되었는지는 2장에서 설명할 것이다. 자신들만의 새로운 정체성을 형성해야만 하는 시기에 두 종교는 서로 투쟁하며 자신들의 공동체를 견고히 세워 갔다. 사탄의 개념을 수용하는 그 과정을 살펴보면 두 종교의 정체성 형성과 타 종교를 대하는 방식이 어떠한지를 알아낼 수 있을 것이다. 그 결론이 3장에 나온다.

  제2부에서는 사탄과 마귀와 같은 악한 영들을 대하는 초기 기독교인들의 자세를 살펴본다. 즉 예수가 사탄과 마귀, 귀신 등을 대하는 방식을 보았던 예수의 제자들과 그 후의 기독교인들의 인식을 설명한다. 이들 모두 악한 영을 대하는 방식의 중심에는 '축귀'가 있었다.

1

사탄은 인격적 존재인가?
인격적 사탄 개념의 발전

초기 기독교와 유대교는 한줄기에 속해 있기 때문에 구약성경과 중간기 유대 문헌은 두 종교가 공유하고 있었던 공통 분모다. 이 문헌들에서 확인할 수 있는 사탄을 바라보는 관점의 발전은 두 종교가 사탄의 개념을 어떻게 수용했는지를 비교하기 위해 무엇보다 먼저 살펴볼 필요가 있다. 이 장에서는 구약성경부터 중간기 유대 문헌까지의 사탄의 개념사를 살펴본다.

사탄(שטן)은 구약성경에서[1] 일반 명사로, 대적(adversary), 비방자(slander), 고발자(accuser), 검찰(prosecutor) 등의 의미로 사용되었다.[2] 즉 정치적, 군사적인 대적자들이나(삼상 29:4; 삼하 19:22; 왕상 5:4; 11:14, 23, 25),

---

1   사탄은 구약성경에 명사로 27번(민 22:22, 32; 삼상 29:4; 삼하 19:22; 왕상 5:4; 11:14, 23, 25; 대상 21:1; 욥 1:6; 1:7 [2번], 8, 9, 12[2번], 2:1; 2:2[2번], 3, 4, 6, 7; 시 109:6; 슥 3:1, 2[2번]), 동사로 6번(시 38:21; 71:13; 109:4, 20, 29; 슥 3:1) 나온다.
2   Louis Isaac Rabinowitz, "Satan", *EncJud* 18, 2nd ed. (Farmington Hills, MI: Thomson Gale, 2007), 72.

사람이 아닌 하나님의 사자로도 등장한다(민 22:22, 32). 그리고 법적인 상황에도 등장한다(시 109:6).[3] 법정에서 사탄은 비방하는 모습으로 묘사된다(시 38:21; 71:13; 109:4, 20, 29).[4] 그러나 스가랴와 욥기에서는 인격적인 존재로 그려진다.[5] 여호와의 법정을 배경으로 하는 두 본문에서 사탄은 고발자다.[6] 두 본문에서는 사탄 앞에 관사가 붙어 있다. 히브리어 문법상 고유 명사에는 관사가 붙을 수 없기 때문에[7] 여기서는 고유 명사가 아닌,[8] 한정된 의미를 나타낸다.[9] 참고로, 구약성경에서 유일하게 관사 없이 고유 명사로 사용되어 인격적 존재로 묘사되는 사탄은 역대상에만 나온다.

---

3 K. Nielsen, "Satan", *TDOT* 14 (Grand Rapids, Mich.: Eerdmans, 2004), 74-5.
4 Victor P. Hamilton, "Satan", *ABD* 5 (New York: Doubleday, 1992), 985.
5 Florian Kreuzer, "Der Antagonist Der Satan in der Hebräischen Bibel - eine bekannte Größe?", *Bib* 86, no. 4 (2005): 542.
6 Peggy L. Day, *An Adversary in Heaven: Śāṭān in the Hebrew Bible*, HSM 43 (Atlanta: Scholars Press, 1988), 25-43.
7 그러나 때때로 명사에 관사가 붙어 고유 명사나 개인적인 이름이 될 수도 있다. 그렇게 본다면 관사가 있는 사탄은 개인의 이름이 될 수도 있다. Bruce K. Waltke and Michael Patrick O'Connor, *An Introduction to Biblical Hebrew Syntax* (Winona Lake, Ind.: Eisenbrauns, 1990), 249.
8 C. Breytenbach and P. L. Day, "Satan", *DDD*, 2nd ed. (Leiden; Boston; Köln: Brill, 1999), 727; 이와 달리 맥컬리(F. R. McCurley)는 고유 명사로 본다. Foster R. McCurley, *Ancient Myths and Biblical Faith* (Philadelphia: Fortress Press, 1983), 50.
9 W. 게제니우스, 『게제니우스 히브리어 문법』, 신윤수 역 (서울: 비블리아 아카데미아, 2006[Wilhelm Genenius and Emil Kautzsch, *Genesius' Hebrew Grammar*, 2nd ed., trans. Arthur Ernest Cowley, London: Oxford University Press, 1910]), 604; 폴 주옹, 무라오까, 『성서 히브리어 문법』, 김정우 역 (서울: 기혼, 2012[S. J. Paul Joüon, *A Grammar of Biblical Hebrew*, 2nd ed., SubBi 27, trans. T. Muraoka, Roma: Gregorian & Biblical Press, 2006]), 559-60.

1) 구약성경에 나타난 사탄 이해

(1) 스가랴 – 제한된 존재로서의 사탄

구약성경에서 영적인 존재로 사탄이 처음 등장하는 본문은 주전 6세기의 상황을 다루는 스가랴서다.[10] 여기서 사탄은 관사가 붙은 일반 명사로 표현된다.

> 대제사장 여호수아는 여호와의 천사 앞에 섰고 사탄(הַשָּׂטָן)은 그의 오른쪽에 서서 그를 대적하는 것을 여호와께서 내게 보이시니라 여호와께서 사탄(הַשָּׂטָן)에게 이르시되 사탄아(הַשָּׂטָן) 여호와께서 너를 책망하노라 예루살렘을 택한 여호와께서 너를 책망하노라 이는 불에서 꺼낸 그슬린 나무가 아니냐 하실 때에(슥 3:1-2)

스가랴가 대제사장 여호수아를 대적하려고 오른쪽에 서 있는 사탄과 사탄을 책망하는 여호와를 보고 있다. 사탄의 행동이 설명되어 있지 않기에 무엇을 고발하고자 했는지는 알 수 없지만 사탄은 책망받는 중이다.

이 본문에서 사탄은 누구일까? 러드먼(Dominic Rudman)은 '책망하다(גער)'를 주목해서 볼 것을 제안한다. 이 단어는 구약에서 하

---

[10] 주전 6세기로 볼 수 있는 증거가 본문에 있다(슥 1:1 [주전 520년], 7 [주전 519년]; 7장 [주전 518년]).

나님이 혼돈의 상징이었던 '물(מים)'을 책망하실 때 사용되었다(시 106:9; 나 1:4).[11] 하나님이 여호수아를 선택하여 새로운 공동체에 새로운 질서를 부여하고자 하셨는데, 그것을 사탄이 막으려고 한 것은 마치 혼돈을 일으키는 것과 같다고 본 것이다. 한편으로, 핸슨(P. D. Hanson)은 사회적 배경의 관점을 제시한다. 이 본문이 주전 약 520년경 귀환 공동체 안에서 여호수아를 대제사장으로 인정하는 것에 대한 갈등 상황이라는 것이다. 그는 스가랴가 환상을 통해 천상 회의의 양식을 빌려 여호수아가 대제사장이 되는 것은 하나님께서 정하신 일이고, 반대편에 섰던 사탄은 여호수아의 대제사장 임명을 반대하는 세력으로 보았다고 주장한다.[12] 앨런(N. Allan)은 사탄이 이스라엘에 남아 있던 사마리아 사람들 또는 포로로 끌려가지 않고 자신의 직무를 수행하던 제사장들이라고 제안한다.[13] 만약 제사장들이라면, 적어도 선택받은 대제사장직에 반대를 걸 수 있는 권력 또는 능력을 가진 사람 또는 집단이었을 것이다.[14]

그러나 이 본문에서 사탄을 혼돈의 세력이나 여호수아를 반대하는 사람, 또는 집단으로 보기는 어렵다. 사탄은 인격을 가진

---

11 Dominic Rudman, "Zechariah and the Satan Tradition in the Hebrew Bible", in *Tradition in Transition: Haggai and Zechariah 1-8 in the Trajectory of Hebrew Theology*, eds. Mark J. Boda and Michael H. Floyd, LHBOTS 475 (New York; London: T&T Clark International, 2008), 195-7; McCurley, *Ancient Myths and Biblical Faith*, 50-2.

12 Paul D. Hanson, *The Dawn of Apocalyptic*, rev. ed. (Philadelphia: Fortress Press, 1983), 253-5; Breytenbach and Day, "Satan", 729; 페이절스, 『사탄의 탄생』, 63-4.

13 Nigel Allan, "The Identity of the Jerusalem Priesthood during the Exile", *HeyJ* 23, no. 3 (1982): 268-9.

14 Margaret Barker, "The Two Figures in Zechariah", *HeyJ* 18, no. 1 (1977): 42-3.

영적인 존재로, 인간 대제사장 여호수아를 대적하기 위해 서 있
지,[15] 하나님을 대적하지는 않고 있다. 물론 쿡(S. L. Cook)과 같이 당
시에는 이미 도덕적 이원론의 세계가 존재했기 때문에 사탄을
'하나님의 실제적 대적(actual enemy of God)'으로 볼 수도 있다.[16] 아니
면 딜만(A. Dillmann)의 의견처럼 사람뿐만 아니라 하나님에게도 대
적하여 하나님의 백성을 구원하지 못하게 하는 방해자로 나타났
다고 볼 수도 있다.[17] 하지만 본문에서 사탄은 하나님을 대적하거
나, 방해할 수 없었고, 하나님에 의해 한계가 주어져 있다. 사탄
은 재판장이신 여호와에게 여호수아를 고발하는 자였다.[18] 고발
자인 사탄은 하나님으로부터 독립되어 활동할 수 없었다.[19]

---

15 Alfred Jepsen, "Kleine Beitrage zum Zwölfprophetenbuch III", *ZAW* 61, no. 1 (1948): 106; David L. Petersen, *Haggai and Zechariah 1-8*, OTL (Philadelphia: Westminster Press, 1984), 192, 195.
16 스티븐 L. 쿡, 『예언과 묵시: 포로기 이후 묵시 사상에 대한 사회학적 연구』, 한국구약학연구소 총서 2, 이윤경 역 (서울: 새물결플러스, 2016[Stephen L. Cook, *Prophecy and Apocalypticism: The Postexilic Social Setting*, Minneapolis: Augsburg Fortress Publishers, 1995]), 213-4.
17 August Dillmann, *Handbuch der alttestamentlichen Theologie* (Leipzig: Verlag von S. Hirzel, 1895), 338-9; 같은 의견으로 Mark J. Boda, *The Book of Zechariah*, NICOT (Grand Rapids, Mich.; Cambridge, U. K.: Eerdmans, 2016), 230; 피터슨(A. R. Petterson)도 사탄이 여호와에게 어느 정도 반감이 있었다고 본다. Anthony R. Petterson, *Behold your King: The Hope for the House of David in the Book of Zechariah*, LHBOTS 513 (New York: T&T Clark, 2009), 51.
18 Breytenbach and Day, "Satan", 728-9; Petterson, *Behold your King*, 51; Michael R. Stead, *The Intertextuality of Zechariah 1-8*, LHBOTS 506 (New York; London: T&T Clark, 2009), 157; Martin Hallaschka, *Haggai und Sacharja 1-8: eine redaktionsgeschichtliche Untersuchung*, BZAW 411 (Berlin; New York: Walter de Gruyter GmbH & Co., 2011), 199; 발터 아이히로트, 『구약성서신학 II』, 박문재 역 (고양: 크리스챤다이제스트, 2002[Walther Eichrodt, *Theology of the Old Testament*, OTL, trans. J. A. Baker, Philadelphia: The Westminster Press, 1967]), 225-6; 고발자가 아닌 '원수, 적(the adversary)'으로 번역해야 한다는 의견도 있다. R. J. Coggins, *Haggai, Zechariah, Malachi*, OTG 7 (Sheffield: JSOT Press, 1987), 45.
19 랄프 스미드, 『미가-말라기』, WBC 성경주석 32, 채천석, 채훈 역 (서울: 솔로몬, 2001[Ralph L. Smith, *Micah-Malachi*, WBC 32, Waco, Texas: Word Books, 1984]), 288; Mark J. Boda,

사탄을 '고발자'로 이해하는 배경에는 주전 6세기부터 메소포타미아에서 고발자로 활동했던 사람들과 관련 있다. 당시에 고발자들은 자신의 나라에 살고 있는 타인들을 감시하면서 그들의 행동에 대해 부정적인 면을 중심으로 왕에게 보고했다. 이와 같은 역할이 사탄의 개념이 발전하는 데 영향을 주었다. 이 영향을 받은 스가랴 저자는 사탄이 영적인 존재임을 표현하기 위해 '여호와의 눈(슥 4:10)'이라는 표현을 사용했다.[20] 사탄을 고발자로 보는 이해에는 페르시아의 영향도 빼놓을 수 없다. 페르시아에서는 왕의 비밀 요원들을 '왕의 눈과 귀'라고 불렀다.[21] 이와 비슷한 의미로 스톡스는 사탄이 하나님의 눈과 귀의 역할을 한다고 생각하여 사탄을 집행자라고 표현했다.[22]

요약하면, 스가랴 본문에서 사탄은 영적인 존재로 인격화되었지만, 독립적으로 활동할 수 있는 특정 존재가 아니라, 하나님에 의해 그의 역할이 제한된 존재였다.

Haggai, Zechariah, The NIV Application Commentary (Grand Rapids, Mich.: Zondervan, 2004), 251; Boda, The Book of Zechariah 230; Carol L. Meyers and Eric M. Meyers, Haggai, Zechariah 1-8, AB 25B (Gardencity, New York: Doubleday & Company, Inc., 1988), 184-5.

20 A. L. Oppenheim, "The Eyes of the Lord", JAOS 88, no. 1 (1968): 176-9; Meyers and Meyers, Haggai, Zechariah 1-8, 184-5; Marvin A. Sweeney, The Twelve Prophets 2, Berit Olam (Collegeville, Minn.: Liturgical Press, 2000), 595; 그뿐만 아니라, 말과 병거나 땅을 거니는 것도 사탄이 땅을 돌아다니는 것과 연결된다. Mark Cameron Love, The Evasive Text: Zechariah 1-8 and the Frustrated Reader, JSOTSup 246 (Sheffield: Sheffield Academic Press, 1999), 197.

21 Naphtali H. Tur-Sinai, The Book of Job, rev. ed. (Jerusalem: Kiryath Sepher, 1967), 40.

22 Ryan E. Stokes, "Satan, YHWH's Executioner", JBL 133, no. 2 (2014): 262-6.

(2) 욥기 – 적극적인 행위 주체로서의 사탄

인격적 존재로서의 사탄은 스가랴와 저작 시기가 비슷한 욥기에도 등장한다. 욥기에서 사탄은 프롤로그에 나오는데(욥 1:6-9, 12: 2:1-4, 6-7), 1장에서는 하나님의 아들들과 함께 등장한다.

하루는 하나님의 아들들이 와서 여호와 앞에 섰고 사탄(הַשָּׂטָן)도 그들 가운데에 온지라(욥 1:6)

2장에서는 욥을 시험한 임무를 보고하기 위해 하나님 앞에 다시 온다(욥 2:1-2).[23] 이후, 사탄은 다시 하나님으로부터 권능을 받고, 욥의 주변뿐만 아니라, 욥에게도 고난을 준다.

욥기에서 사탄은 하나님의 뜻을 행하는 존재로 그 자리에 있다고 해석하기도 한다.[24] 욥기 1장 본문 때문에 일부 학자는 사탄을 하나님의 아들 중 한 명이라고 주장한다.[25] 만약 이렇게 본다면 1장 배경을 가정으로 둘 수도 있다. 닐슨(Nielsen)은 사탄을 하나님이 욥을 사랑하기 때문에 질투를 하는 자로 설명한다. 그래서

---

23   데이빗 J. A. 클라인스, 『욥기 1-20』, WBC 성경주석 17, 한영성 역 (서울: 솔로몬, 2006[David J. A. Clines, *Job 1-20*, WBC 17, Dallas, Texas: Word Books, 1989]), 238; 고디스는 두 번째 장면에서 사탄이 하나님께 반항하고 있다고 해석한다. Robert Gordis, *The Book of Job*, Moreshet Series 2 (New York: Jewish Theological Seminary of America, 1978), 19.

24   Arthur S. Peake, *The Problem of Suffering in the Old Testament* (London: Robert Bryant, 1904), 77.

25   D. S. Russell, *The Method and Message of Jewish Apocalyptic: 200 B.C.-A.D. 100*, OTL (Philadelphia: Westminster Press, 1964), 236; Robert Gordis, *The Book of God and Man: A Study of Job* (Chicago: University of Chicago Press, 1965), 70; Gordis, *The Book of Job*, 14.

하나님은 사탄의 제안을 단번에 거절하실 수 없었다는 것이다. 또한 사탄을 아버지 하나님께 매여 있는 존재로 이해한다.[26]

사탄을 하나님께 이의를 제기하는 회의의 침입자로 보는 의견도 있다.[27] 앤더슨(Francis. I. Andersen)이 그러하다. 그리고 그는 사탄이 하나님에 대해서 부정적인 표현들을 하고 있으므로 하나님의 아들일 수 없다고 주장한다.[28] 스톡스는 욥기의 사탄을 스가랴에 나오는 사탄처럼 하나님의 집행자로 여긴다.[29] 시아오(C. L. Seow)는 하나님의 악한 본성이 의인화된 모습이 사탄이라고 주장한다. 천상의 모습을 한 사탄은 하나님의 대적이 아닌, 복종하고 명령을 충실히 이행하는 존재이자 하나님의 의지가 표명된 존재라는 것이다.[30] 이와 비슷하게 볼퍼스(David Wolfers)는 사탄이 하나님의 복잡한 정신의 일부이며, 하나님 자신을 대적할 만한 존재라고 한다.[31]

이와 달리 투르-시나이(Tur-Sinai)는 사탄이 영적인 존재처럼 보일 수 있으나, 실상은 실재하는 인물이었다고 주장한다. 그는 페르시아에서 왕의 충실한 비밀 요원의 역할이 구약성경에서는 사탄이며, 비난거리를 찾아 왕에게 보고하는 자라고 설명한다.[32] 비

---

26 Nielsen, "Satan", 76.
27 James L. Crenshaw, *Old Testament Wisdom*, rev. ed. (Louisville, Ky.: Westminster John Knox Press, 1998), 92.
28 Francis I. Andersen, *Job*, TOTC (London: Inter-Varsity Press, 1976), 82, 85.
29 Stokes, *The Satan*, 67-8.
30 C. L. Seow, *Job 1-21*, Illuminations (Grand Rapids, Mich.: Eerdmans, 2013), 273-99.
31 David Wolfers, *Deep Things out of Darkness: The Book of Job: Essays and A New English Translation* (Grand Rapids, Mich.: Eerdmans, 1995), 201-8.
32 Breytenbach and Day, "Satan", 728; 페이절스, 『사탄의 탄생』, 60; 또는 고대 근동 왕국에 널리

난거리를 찾지 못할 경우에는 자신이 악한 일을 직접 만들었다고 한다(역대상). 그래서 그는 사탄이 왕에게 충성된 고발자였다가 주인의 뜻을 반하고, 악을 세상에 가져온 존재로까지 발전한 것이라고 설명한다.[33]

또 다른 한편 러드먼은 스가랴서에서처럼 이 본문에서도 사탄을 혼돈의 세력이자, 혼돈의 원인 제공자로 여긴다. 욥의 고난에 직접적인 영향을 준 스바인들과 갈대아인들, 그리고 광야에서 불어오는 바람은 질서가 잡혀 있던 욥의 삶에 혼돈을 가져다주었다. 욥의 자녀들의 죽음은 혼돈의 세계인 스올로 가는 것이었고, 그 제공자가 사탄이었다는 것이다.[34] 그러나 사탄을 혼돈의 세력으로 본다면 창조 질서를 어지럽히고 하나님께 대항하는 자로 나타나야 하지만, 본문은 그렇지 않다. 핸디(L. K. Handy)는 욥기의 사탄을 영적인 존재로서 시리아-팔레스타인의 우가리트 문헌에 나오는 상위 신과 하위 신의 관계를 배경으로 설명한다. 이 문헌에서 욥기의 사탄은 하위 신으로서 상위 신인 여호와를 위해서 일하는 자로 묘사된다.[35]

하지만 사탄을 하나님의 아들 중 한 명이나, 하나님의 본성의

퍼져 있던 감찰자 제도에서 영향을 받았을 수 있다. James A. Wharton, *Job*, Westminster Bible Companion (Louisville, Ky.: Westminster, 1999), 16.

33 Tur-Sinai, *The Book of Job*, 38-45.
34 Rudman, "Zechariah and the Satan Tradition in the Hebrew Bible", 201-3; Dominic Rudman, "The Use of Water Imagery in Descriptions of Sheol", *ZAW* 113, no. 2 (2001): 240-4.
35 Lowell K. Handy, "The Authorization of Divine Power and the Guilt of God in the Book of Job: Useful Ugaritic Parallels", *JSOT* 18, no. 60 (1993): 107-18.

일부나, 실제 인물이나, 혼돈의 세력 또는 하위 신의 개념으로 보기는 어렵다. 욥기의 인격적 사탄은 스가랴 본문에서와 같이 영적인 존재였으며, 관사가 붙어 일반 명사로 사용된 고발자다.[36] 땅을 돌아다니는 것, 천상 회의 장면,[37] 사탄의 대적 대상이 있다는 점,[38] 그리고 사탄이 기능적인 면에서 검사 또는 고발자와 같은 역할을 한다는 것은 스가랴와 공통점이다. 그러나 욥기의 사탄은 하나님과 대화할 수 있었고, 하나님의 허락하에 욥과 그의 주변에 고난을 줄 수 있다는 점에서 스가랴와 차이를 보인다. 스가랴와 비교해서 사탄의 역할에는 변화가 있지만, 여전히 그는 하나님에 의해 활동이 제한되었으며,[39] 하나님의 대적자로 볼 수 없다.[40] 그는 악하지 않으며,[41] 고발자로서 욥을 고발하며, 대적할 뿐이었다.[42] 그런 의미에서 본다면 욥기의 저자는 일원론 사상 속에 있다. 하틀리(John E. Hartley)는 사탄이 스스로 결정을 내릴 수 없

---

36 Nielsen, "Satan", 77; Stead, *The Intertextuality of Zechariah 1-8*, 157; J. H. Eaton, *Job*, OTG 5 (Sheffield: JSOT Press, 1985), 1; Leo G. Perdue, *Wisdom in Revolt: Metaphorical Theology in the Book of Job*, JSOTSup 112 (Sheffield: JSOT Press, 1991), 76, 89; Carol A. Newsom, *The Book of Job: A Contest of Moral Imaginations* (New York: Oxford University Press, 2009), 55; Wharton, *Job*, 16.
37 Love, *The Evasive Text*, 197; Wharton, *Job*, 16.
38 스가랴에서는 대제사장 여호수아였고, 욥기에서는 한 가정의 제사장 역할을 하고 있는 욥이었다. Rudman, "Zechariah and the Satan Tradition in the Hebrew Bible", 200-1.
39 Rabinowitz, "Satan", 72; Antti Laato, "The Devil in the Old Testament", in *Evil and the Devil*, eds. Ida Fröhlich and Erkki Koskenniemi, LNTS 481 (London; Newdelhi; New York; Sydney: Bloomsbury, 2013), 19.
40 클린스, 『욥기 1-20』, 219; Breytenbach and Day, "Satan", 728; 이와 반대로 사탄은 하나님에게 적개심이 있다고 보는 의견들도 있다. Andersen, *Job*, 83; Boda, *The Book of Zechariah*, 230.
41 아이히로트, 『구약성서신학 II』, 223-4; Dillmann, *Handbuch der alttestamentlichen Theologie*, 337-8.
42 클린스, 『욥기 1-20』, 207-9; 아이히로트, 『구약성서신학 II』, 225-6.

고, 하나님의 명령에 따라야 했기에 욥이 겪은 고난의 궁극적 원인이 하나님이라고 한다. 이는 저자가 일원론 사상을 가지고 있기 때문이라고 본다.[43] 오펜하임(A. L. Oppenheim)도 사탄이 한계를 가진 존재로 나타나는 것은 욥기 저자의 일신론(monotheism) 신앙을 보여 주는 증거라고 설명한다.[44]

스가랴에서는 사탄의 행동이나 말이 나오지 않지만, 욥기의 사탄은 하나님과 대화하고 적극적으로 행동한다. 그러므로 욥기에 나타난 사탄 개념은 스가랴의 사탄보다 한층 더 발전했다.[45]

(3) 역대상 - 독립적 존재로 변화하는 사탄

영적이며 인격적 존재로서의 사탄이 역대상에도 등장한다.

여호와께서 다시 이스라엘을 향하여 진노하사 그들을 치시려고 다윗을 격동시키사 가서 이스라엘과 유다의 인구를 조사하라 하신지라(삼하 24:1)

사탄(שָׂטָן)이 일어나 이스라엘을 대적하고 다윗을 충동하여 이스라엘을 계수하게 하니라(대상 21:1)

---

43 John E. Hartley, *The Book of Job*, NICOT (Grand Rapids, Mich.: Eerdmans, 1988), 74.
44 Oppenheim, "The Eyes of the Lord", 176.
45 Janet A. Tollington, *Tradition and Innovation in Haggai and Zechariah 1-8*, JSOTSup 150 (Sheffield: JSOT Press, 1993), 116; Hallaschka, *Haggai und Sacharja 1-8*, 201; Hartley, *The Book of Job*, 72.

두 평행 본문에는 차이가 있다. 사무엘하에서 주어는 하나님이고 다윗에게 명령을 내리신다. 그러나 역대상에서는 사탄이 이스라엘을 대적하기 위해 다윗의 마음을 충동한다. 누구를 고발하지도 않고, 하나님을 대적하는 모습도 나타나지 않는다. 그는 이스라엘을 대적한다.[46]

역대상의 사탄은 이전 본문들과 몇 가지 차이점이 있다. 일단, 사탄에 관사가 붙지 않았다. 관사가 없는 명사 사탄은 고유 명사로서, 개인의 이름으로 볼 수 있는 가능성을 열어 준다.[47] 물론 일반 명사의 의미가 완전히 상실될 때 가능한 정의일 수도 있다. 그런데 역대상에서는 여전히 '적'이라는 의미가 있으므로 사탄은 일반 명사이고, 초월적 존재가 아닌, 실재하는 인간으로 볼 수도 있다.[48] 그러나 구약성경에서 사탄은 일반 명사였다가, 역대상에서만 고유 명사의 성격을 띠면서 관사 없이 사용되었다.[49] 또한 앞선 본문들처럼 인격적 존재로 나타났지만, 하나님과 상관없이

---

46 어떤 학자들은 다윗을 대적했다고 보기도 한다. Nielsen, "Satan", 77; Sara Japhet, *The Ideology of the Book of Chronicles and Its Place in Biblical Thought* (Winona Lake, Indiana: Eisenbrauns, 2009), 116.
47 Hamilton, "Satan", 986; Russell, *The Method and Message of Jewish Apocalyptic*, 237; Rabinowitz, "Satan", 72; J. A. Thompson, *1, 2 Chronicles*, NAC 9 (Nashville, Tenn.: Broadman & Holman, 1994), 161; H. G. M. Williamson, *1 and 2 Chronicles*, New Century Bible Commentary (Eugene, Oregon: Wipf & Stock, 1982), 143; Ralph W. Klein, *1 Chronicles*, Hermeneia (Minneapolis: Fortress Press, 2006), 418; 아이히로트, 『구약성서신학 II』, 227.
48 Sara Japhet, *I & II Chronicles*, OTL (Louisville, Ky.: Westminster John Knox Press, 1993), 374-5; Japhet, *The Ideology of the Book of Chronicles and Its Place in Biblical Thought*, 115-6; 비슷하게, 이 본문에서 사탄은 관사가 없는 비한정 명사(indefinite noun)일 뿐, 고유 명사로 볼 수 없고, '적'의 의미를 가진 일반 명사라는 의견이 있다. Gary N. Knoppers, *I Chronicles 10-29*, AB 12A (New York: Doubleday, 2004), 744; Day, *An Adversary in Heaven*, 149.
49 게제니우스, 『게제니우스 히브리어 문법』, 600-1.

등장하고 그를 제한하는 요소가 없다. 사탄은 다윗으로 하여금 악을 행하도록 부추겼다.[50]

그렇다면 역대상의 사탄은 누구일까? 사탄이 독립적으로 나타난 현상과 관련해서 클루거(R. S. Kluger)는 하나님의 한 측면이었던 악이 분리가 되어 독립적인 존재가 되었다고 설명한다. 전혀 다른 존재가 아니라, 하나님 자신이라는 것이다.[51] 트렘멜(W. C. Tremmel)도 이와 비슷하게 사탄은 하나님의 어두운 측면이 분리된 것이라고 주장한다.[52] 하지만 분리된 사탄이 이제 독립적인 존재로 하나님의 적이 되었다는 이해에서 클루거와 차이가 있다.

한편, 사탄이 독립적인 존재가 아니고, 하나님에 의해 행동이 제한된 존재로 보는 학자들도 있다. 스톡스는 역대상의 저자가 민수기 22장(발람 이야기)의 영향을 받아 사무엘하의 본문을 편집했다고 주장한다. 그래서 역대상의 사탄이 영적인 존재인 것은 인정하지만 누구의 적이나, 유혹자 등으로 등장하지 않고, 하나님의 사자의 역할을 한다고 본다.[53] 에반스(P. Evans)는 역대상에서의 사탄은 하나님이 활동을 통제하셨던 존재에서 점점 독립적 존

---

50 Dillmann, *Handbuch der alttestamentlichen Theologie*, 339; Hinckley G. T. Mitchell, J. M. Powis Smith and Julius August Bewer, *A Critical and Exegetical Commentary on Haggai, Zechariah, Malachi and Jonah*, ICC (Edinburgh: T&T Clark, 1912), 149; 아이히로트, 『구약성서신학 II』, 227.
51 Rivkah Schärf Kluger, *Satan in the Old Testament*, trans. Hildegard Nagel (Evanston, Illinois: Northwestern University Press, 1967 [*Die Gestaltdes Satans im Alten Testament*, Zürich: Rascher Verlag, 1948]), 155, 160-1.
52 William C. Tremmel, "Satan - The Dark Side", *Iliff Review* 42, no. 1 (1985): 6.
53 Ryan E. Stokes, "The Devil Made David Do it … or Did he?: The Nature, Identity, and Literary Origins of the Satan in 1 Chronicles 21:1", *JBL* 128, no. 1 (2009): 91-106.

재가 되어 가는 개념의 마지막 발전 단계이고, 그는 악마도 아니며, 인간의 적도 아니라고 주장한다. 즉 여호와의 일을 하는 신성한 매개자(divine intermediaries)라고 한다.[54] 페이지(S. H. T. Page)는 스가랴와 욥기뿐만 아니라 역대상에 나타난 사탄은 모두 하나님에게 대적하는 자이자 동시에 하나님에게 종속된 종의 개념을 가진다고 설명한다.[55] 윌리엄슨(H. G. M. Williamson)도 사탄을 하나님의 주권에 의해 제한되어 있는 하나님의 의지의 도구로 본다.[56] 러셀(Jeffrey Burton Russell) 역시 하나님의 사자로서 명령을 받아 수행하는 역할을 한다고 여긴다.[57] 라토(Antti Laato) 또한 사탄을 천상 회의와 지상 세계의 통치자이신 여호와가 통제하시는 존재로 본다.[58]

한편 사무엘하에서는 인구 조사를 명령한 주어가 여호와였지만, 역대상 본문에서는 사탄으로 바뀐다. 이런 변화는 스가랴, 욥기보다 후대에 작성된[59] 역대상의 신학과 관련이 있다. 주어가 달

---

54 Paul Evans, "Divine Intermediaries in 1 Chronicles 21: An Overlooked Aspect of the Chronicler's Theology", *Bib* 85, no. 4 (2004): 545-58.
55 Sydney H. T. Page, "Satan: God's Servant" *JETS* 50, no. 3 (2007): 449-65.
56 Williamson, *1 and 2 Chronicles*, 143-4.
57 Russell, *The Method and Message of Jewish Apocalyptic*, 237.
58 Laato, "The Devil in the Old Testament", 21.
59 역대상 3:17-24의 족보는 스룹바벨 이후 두 세대를 소개한다. 이것은 역대상의 기록 시기를 주전 450년 이전으로 보기 어려운 증거가 된다. 그래서 많은 학자가 역대상을 주전 4세기의 작품으로 본다. Otto Eissfeldt, *Einleitung in das Alte Testament: unter Einschluss der Apokryphen und Pseudepigraphen sowie der apokryphen- und pseudepigraphenartigen Qumran-Schriften: entstehungsgeschichte des Alten Testaments*, 3. Aufl., Neue Theologische Grundrisse (Tübingen: J. C. B. Mohr, 1964), 733; Japhet, *I & II Chronicles*, 24-8; Williamson, *1 and 2 Chronicles*, 16; 클라인(R. W. Klein)도 주전 4세기를 주장하며, 다양한 연대 논쟁을 정리했다. Klein, *1 Chronicles*, 13-6; 브라운(R. Braun)은 역대상이 최종적으로 완성된 시기를 주전 350-300년경으로 본다. 로디 브라운, 『역대상』, WBC 성경주석 14, 김의원 역 (서울: 솔로몬, 2006[Roddy Braun, *1 Chronicles*, WBC 14, Waco. Texas: Word Books, 1986]), 37; 노트는 주전 300-200년 사이로 본다. Martin Noth, *The Chronicler's History*, trans. H. G. M. Williamson,

라진 이유에 대해서 세일해머(John Sailhamer)는 역대상의 저자가 사무엘하 본문을 '상호 텍스트적(intertextuality)'으로 해석한 결과라고 본다. 그는 역대상에서 관사 없이 사용된 사탄은 이미 신명기 역사서에서 다윗과 솔로몬의 '적'으로 표현된 일반 명사와 같은 의미라고 한다. 그래서 역대상은 실패한 왕인 다윗과 솔로몬의 모습을 여호와의 분노와 연결하기 위해 신명기 역사서에서 찾은 사탄(적)과 연결시켰다는 것이다.[60] 빌리(T. Willi)는 역대상의 저자가 사무엘하에 있는 대본(Vorlage)을 보고 신학적으로 이해할 수 없었던 내용을 욥기를 근거로 하여 주어를 사탄으로 변경한 결과라고 한다.[61]

이렇게 주어가 변한 이유는 역대기가 기록될 무렵 이스라엘이 이원론과 관련한 '과도기'를 겪고 있었기 때문이다. 역대하의 관점에서는 세상에서 일어나는 모든 일이 여호와로부터 주어졌다 (대하 10:15; 18:8-22). 선한 일과 악한 일이 일어나는 원인을 모두 하나님께 두고 있는 것이다.[62] 하지만 역대기의 작성 시기 때는 세상의 일을 선과 악으로 구분하는 페르시아의 이원론의 영향이 강

JSOTSup 50 (1987; repr., Sheffield: Sheffield Academic Press, 2001 [*Überlieferungsgeschichtliche Studien* 2, Aufl. 2, Tübingen: Max Niemeyer, 1957]), 70-3. 그럼에도 최종 완성 시기를 확정하는 것은 불가능하다.

60 John Sailhamer, "1 Chronicles 21:1 - A Study in Inter-Biblical Interpretation", *TJ* 10, no. 1 (1989): 33-48.

61 Thomas Willi, *Die Chronik als Auslegung: Untersuchungen zur literarischen Gestaltung der historischen Überlieferung Israels* (Göttingen: Vandenhoeck & Ruprecht, 1972), 155-6.

62 Japhet, *I & II Chronicles*, 374-5; 역대상에는 이원론이 나타나지 않는다는 의견은 다음을 참고하라. Knoppers, *I Chronicles 10-29*, 751; Japhet, *The Ideology of the Book of Chronicles and Its Place in Biblical Thought*, 116.

할 때였기 때문에 악의 영역을 설명하기 위해서는 하나님의 통제를 벗어난 사탄을 등장시킬 수밖에 없었다. 그렇지만 여전히 역대상에서 사탄은 하나님께 속해 하나님의 명령을 이행하는 존재일 뿐이다.[63] 사무엘하에 나오는 여호와의 역할을 사탄이 그대로 대체하고 있는 것이다. 그 외에는 사탄이 행하는 어떤 악한 일도 발견할 수 없다. 그러므로 사탄의 한계적 존재를 유지하고, 악의 원인을 하나님으로 보는 것은 일원론을 고수하고자 했던 그들의 신앙 때문이었다. 하지만 동시에 이 시기는 악과 관련된 것이 여호와에게서 분리되는 과도기를 겪고 있었다.[64] 그렇지 않다면 사탄 앞에 관사가 붙어 있지 않고, 사탄이 하나님 없이도 존재할 수 있다는 본문을 독자들이 쉽게 이해할 수 없었을 것이다. 명확한 증거가 없기는 하지만 이런 흔적들이 일원론을 고수하면서도 동시에 이원론을 받아들이고 있던 현상의 일부였을 수 있다.

---

63 Seow, *Job 1-21*, 273-99.
64 Hamilton, "Satan", 987; Kurt Galling, *Die Bücher der Chrinik, Esra, Nehemia*, ATD 12 (Göttingen: Vandenhoeck & Ruprecht, 1954), 61; J. M. 마이어, 『역대기 상』, 국제성서주석, 이환진 역 (서울: 한국신학연구소, 1990[Jacob M. Myers, *I Chronicles*, 2nd ed., AB 12, Garden City, New York: Doubleday & Company, Inc., 1981]), 254-5.

2) 중간기 유대 문헌에 나오는 사탄 이해

(1) 구약 위경 – 사탄의 여러 이름

중간기 유대 문헌들은 사탄과 악을 연결하고 그 기원을 설명하려고 시도한다. 거기에는 이원론의 색채가 강하게 드러나는 선과 악의 대립과 하나님의 승리에 대한 이야기가 가득하다. 이 원론의 영향을 받은 구약 위경들에서 사탄은 다양한 이름으로 나타난다. 그 이름들은 '증오'와 관련 있는 마스테마(מַשְׂטֵמָה),[1] '무익', '무가치함', '파괴(자)', '몰락' 등의 의미와 관련 있는 벨리알/벨리아르(בְּלִיַּעַל),[2] 아자젤/아자엘(עֲזָאזֵל)[3] 등이다.

---

[1] 구약성경에서 유일하게 호세아 9:7-8에만 나타난다. G. J. Riley, "Devil", *DDD*, 2nd ed. (Leiden; Boston; Köln: Brill, 1999), 246.

[2] S. D. Sperling, "Belial", *DDD*, 2nd ed. (Leiden; Boston; Köln: Brill, 1999), 169-71; 벨리알의 또 다른 의미로는 악인(삼상 25:25; 잠 6:12 등), 타락(나 1:11 등), 파괴자(나 2:1) 등이 있다. 빌헬름 게제니우스, 『게제니우스의 히브리어·아람어 사전』, 이정의 역 (서울: 생명의말씀사, 2007[Friedrich Wilhelm Gesenius, *Hebräisches und Aramäisches Handwörterbuch über das Alte Testament*, 17. Aufl., Springer: Verlag Berlin Heidelberg, 1962]), 98.

[3] 구약성경 레위기 16:8, 10(2번), 26에 나타난다. B. Janowski, "Azazel", *DDD*, 2nd ed. (Leiden; Boston; Köln: Brill, 1999), 128-31; 밀그롬은 고대 근동의 아자젤에 대해서 상세하게 연구했다. Jacob Milgrom, *Leviticus 1-16*, AB 3 (New York: Doubleday, 1991), 1071-9; 하틀리는 아자엘의 정체에 대한 학자들의 견해들을 정리했다. 존 E. 하틀리, 『레위기』, WBC 성경주석 4, 김경열 역 (서울: 솔로몬, 2005[John E. Hartley, *Leviticus*, WBC 4, Dallas, Texas: Word Books, 1992]), 504-7; 오를로프(A. A. Orlov)는 아브라함의 묵시에 나타난 아자엘을 자세히 연구했다. Andrei A. Orlov, *Dark Mirrors: Azazel and Satanael in Early Jewish Demonology* (Albany, NY: State University of New York Press, 2011), 11-81; 그래비(L. L. Grabbe)는 에녹 문학, 아브라함의 묵시, 랍비 문학, 요한계시록, 초대 교부 문헌에 나타난 아자엘 전승을 연구했다. Lester L. Grabbe, "The Scapegoat Tradition: A Study in Early Jewish Interpretation", *JSJ* 18, no. 2 (1987): 152-67.

① 에녹1서[4]

에녹1서는 주전 2세기-주후 1세기(주전 200년-주후 60년경) 동안 여러 저자가 기록하였다. 주인공 에녹을 의로운 서기관(12:3), 진리의 서기관(15:1)이라고 부르며, 내용에 따라 감시자들의 책(1-36장), 비유서(37-71장), 천문학 논고(72-82장), 꿈속 환상들(83-90장), 에녹의 유언(91-104장), 부록(105-108장)으로 나눈다. 그중에서 감시자들의 책, 비유서, 꿈속 환상들을 주목해 볼 필요가 있다. 감시자들의 책의 내용은 창세기 6:1-4과 관련 있다. 이 본문에서 감시자들의 지도자는 사탄과 같은 존재인 '세미아자(Σεμιαζά)', '아자엘('Αζαὴλ)'로 불린다.[5] 그들은 자신들이 타락한 다음 그들의 자녀인 '거인들'로 인간을 타락하게 만든(8:2) 장본인들이었다(9:8-9). 타락한 자들은 마지막 때에 심판을 받게 된다(10장). 이 문헌에서는 하나님의 아들들을 '타락한 감시자들'로 본다. 감시자들의 책을 기록한 저자들은 고대 근동의 신화에서 영향을 받아 타락한 감시자들 모티브를 사용했다. 그들은 바벨론 포로 생활을 통해 주변 민족의 신화를 비롯해서 문화를 받아들이는 것이 어렵지 않았다.[6] 저자들은 감시자들의 타락 모티브를 사용해서 죄의 기원을 설명하고자 했

---

[4] 본문은 다음을 참고하였다. E. Isaac, "1 (Ethiopic Apocalypse of) Enoch", in *OTP* 1, ed. James H. Charlesworth (Garden City, New York: Doubleday, 1983), 13-89; 송혜경, 『구약 외경 1』 (의정부: 한님성서연구소, 2018), 90-221.
[5] 세미아자와 아자엘에 대한 연구는 다음을 참고하라. Wright, *The Origin of Evil Spirits*, 104-32; Hanson, "Rebellion in Heaven, Azazel, and Euhemeristic Heroes in 1 Enoch 6-11", 195-233.
[6] Ronald S. Hendel, "Of Demigods and the Deluge: Toward an Interpretation of Genesis 6:1-4", *JBL* 106, no. 1 (1987): 13-26.

지만,[7] 궁극적으로는 헬레니즘에 대해 종교적으로 반박하고 대항하려는 의도가 숨어 있었다.[8]

비유서에서는 사탄이 등장한다. 천사들에 의해 쫓겨나며, 땅에 있는 사람들을 고발하려고 주님께 오는 것이 금지된 사탄이 복수형으로 나타난다.

> 그리고 나는 네 번째 음성은 사탄들을 내쫓고, 땅에 사는 사람들을 고발하기 위하여 그들의 영의 주님께 오는 것을 금하는 것을 들었다.(40:7)

사탄은 고문을 당하고(53:3), 악마들의 우두머리로서 하나님께 심판을 받을 자다(54:1-10). 비유서에서 타락한 감시자들과 사탄들은 동일한 존재다(65:6).

꿈속 환상들에서도 주목할 만한 내용이 등장한다.

---

[7] T. J. Wray and Gregory Mobley, *The Birth of Satan: Tracing the Devil's Biblical Roots* (New York: Palgrave Macmillan, 2005), 101.

[8] 라이너 알베르츠, 『이스라엘 종교사 2』, 강성열 역 (고양: 크리스챤다이제스트, 2004[Rainer Albertz, *Religionsgeschichte Israels in alttestamentlicher 2*, ATD 8/2, Göttingen: Vandenhoeck & Ruprecht, 1997]), 424-34; 리처드 A. 호슬리, 『서기관들의 반란』, 박경미 역 (고양: 한국기독교연구소, 2016[Richard A. Horsley, *Revolt of the Scribes: Resistance and Apocalyptic Origins*, Minneapolis, Minn.: Fortress Press, 2010]), 95-6; 사회적, 정치적, 종교적으로 타락한 집단을 포괄적으로 비난하기 위한 목적으로 보는 관점도 있다. Wray and Mobley, *The Birth of Satan*, 101; 페이절스는 그 집단을 그리스의 왕 또는 이스라엘의 제사장들로 제시한다. 왜냐하면 한편으로는 지배국인 그리스를 조롱하기 위함이었고, 또 다른 한편으로는 이스라엘의 제사장들이 직무를 저버리고 타락했기 때문에 비난하기 위해서였다. 페이절스, 『사탄의 탄생』, 70-1.

내가 자고 있을 때 나는 또 나의 눈으로 환상을 보았고, 높은 하늘을 보았다. 내가 보니, 하늘에서 별 하나가 떨어졌다. … 나는 다시 한 번 환상을 보고, 하늘을 관찰하며 보았다. 나는 많은 별들이 하늘에서 내려와 그 첫 번째 별 위로 떨어지는 것을 보았다.(86:1-3)

이 본문은 사탄(아자젤)이 먼저 떨어지고, 그의 하수인들이 뒤따라서 떨어지는 이야기로, 후에 누가복음(눅 10:18)과 요한계시록(계 12:8-9)이 사탄의 몰락을 설명하는 데에 영향을 주었다. 한편 사탄은 사람을 통해 죄를 짓게 만드는 원인으로도 등장한다(69:4).

에녹1서에서 발견할 수 있는 사탄에 관한 몇 가지 특징이 있다. 첫째, 악의 기원을 밝히려고 시도한다는 것이다. 둘째, 호칭의 변화다. 에녹1서의 초반부에는 사탄이라는 호칭이 나오지 않고 비유서부터 나온다. 이는 후대로 갈수록 악을 사탄과 연결시키는 보편적인 사고를 가지게 되었다고 추측해 볼 수 있다.[9] 셋째, 사탄의 이름과 기능을 구약성경에서 가져와 일부 수용하였다는 것이다. 넷째, 선과 악에 대한 기원을 달리하는 이원론의 사고를 보여 준다는 것이다.[10] 이런 인식의 변화는 사탄의 개념이 발전하는 데에 영향을 끼쳤다.[11]

에녹1서는 스가랴와 욥기에 나타난 고발자의 의미를 사용하였고, 구약성경에서는 희미하게 나타났던 사탄과 악의 관계를

---

9   Wray and Mobley, *The Birth of Satan*, 101.
10 Isaac, "1 (Ethiopic Apocalypse of) Enoch", 10.
11 Isaac, "1 (Ethiopic Apocalypse of) Enoch", 82-3.

발전시켰다. 또한 사탄이 심판을 당한다는 새로운 이야기를 등장시켰다. 묵시 문학에 속하는 에녹1서는 저자들이 겪은 도덕적인 불의와 그로 인해 나타날 종말론적 미래를 그린다. 이런 사상은 같은 시기의 여러 문학에 영향을 미쳤고, 신약성경의 여러 교리를 형성하는 데 영향을 주었다.[12]

② 희년서[13]

희년서는 주전 2세기 중반(주전 약 160-168년경)에 만들어졌으며, 창세기와 출애굽기의 내용을 재작성한 것이다. 희년서에서 사탄은 감시자들의 지도자였으며 벨리아르, 마스테마로도 불린다.[14] 여기에서는 벨리아르가 하나님의 백성을 지배하지 못하고, 고발하지 못하고, 유혹하지 못하게 해 달라고 비는 백성의 기도가 여러 곳에 나온다(1:20; 10:3-6; 12:20; 19:28). 사탄과 그의 세력들은 노아의 후손들을 잘못된 길로 인도하는 자들이었다(7:27; 10:1). 희년서는 사람들이 죄를 짓도록 만든 원인으로 마스테마를 지목한다.

> … 그리고 잔인한 영들은 그들을 도와서 죄와 더러움을 저지르도록 그들을 타락으로 이끌었다. 그리고 왕자 마스테마는 이 모든 일을 강력하게 실행했다.(11:4-5)

---

12   Isaac, "1 (Ethiopic Apocalypse of) Enoch", 9; 송혜경, 『사탄, 악마가 된 고발자』, 45-6; Wray and Mobley, *The Birth of Satan*, 102.
13   본문은 다음을 참고하였다. O. S. Wintermute, "Jubilees", in *OTP* 2, ed. James H. Charlesworth (Garden City, New York: Doubleday, 1985), 52-142.
14   희년서의 저자는 감시자들의 지도자를 천사로 인식했던 것 같다(Jub. 5:1; 7:21; 15:31-32).

희년서에 나오는 사탄은 구약성경과 여러 연결점이 있다. 첫째, 스가랴, 욥기에서처럼 고발자로 나온다(1:12; 17:15-16; 18:9-12; 48:15-18). 둘째, 욥기에서처럼 하나님과 대화한다(10:7-9; 17:15-16). 셋째, 사탄이 아브라함을 시험하는 장면은 욥기 1-2장과 상당히 유사하다(17:15-18:12).

그리고 왕자 마스테마가 와서 하나님 앞에서 말했다. "보십시오, 아브라함은 그의 아들 이삭을 사랑합니다. 그리고 그는 모든 것보다 그를 더 기쁘게 생각합니다. 그에게 그를 번제로 바치라고 말하십시오. 그러면 당신은 그가 이 일을 할 것인지 보게 될 것입니다. 그리고 당신이 그를 시험하는 모든 일에 그가 신실한지 알게 될 것입니다."(17:16)

희년서는 에녹1서의 많은 내용을 수용했다. 여러 내용이 이를 증명하는데, 희년서는 하늘로 올라간 에녹이 글을 쓰게 된 이야기를 언급할 뿐 아니라(4:16-26), 에녹1서 감시자들의 책의 주요 모티브 중 하나인 창세기 6:1-4을 담고 있으며(4:22; 5:1-11),[15] 에녹1서와 같이 인류 타락의 원인을 감시자들의 타락에 둔다. 또한 희년서는 에녹1서와 마찬가지로 감시자들이 고통의 원인이었다.[16] 그

---

15 라토는 마스테마가 하나님의 심판을 이행하는 존재였다고 본다. Laato, "The Devil in the Old Testament", 17-8.
16 Wray and Mobley, *The Birth of Satan*, 102.

래서 에녹1서의 모티브를 수용하고 확장해서[17] 희년서의 저자 자신들이 겪고 있는 고통과 악에 대해서 설명하려고 했다.[18] 인류의 타락으로 노아의 홍수가 일어나자 거인들이 제거되고, 타락한 감시자들은 땅에 갇힌다(5:3-11). 그런데도 땅에서 죄가 사라지지 않는다. 그 이유는 마스테마의 지도자가 일부 마스테마가 땅에 남도록 하나님께 부탁했기 때문이다(10:7-9). 그들로 인해 사람들은 계속 악을 행하게 된다. 그러나 마스테마의 기원에 대해서는 설명이 없다.[19] 이 본문에서는 죄를 짓게 만든 원인이 마스테마인지, 그것을 허용한 하나님인지 알 수 없다.[20] 이런 모티브는 욥기를 생각나게 한다. 하지만 욥기에서는 사탄이 욥과 그 주변에 고난을 주지만 하나님의 허락을 받고 주었기 때문에 하나님이 고난의 직접적인 원인을 제공하신다고 볼 수 있다. 희년서가 에녹1서를 수용한 것에 대해 호슬리(Richard A. Horsley)는 희년서의 서기관 집단은 에녹을 인류의 첫 서기관으로 받아들이고, 자신들을 에녹 계열의 서기관으로 인식했다고 본다.[21] 그래서 에녹1서의 많은 부분을 희년서의 서기관들이 수용했을 가능성이 있는 것이다.

---

17 스톡스는 희년서에 나오는 왕자 마스테마는 구약성경의 사탄처럼 하나님의 집행자임과 동시에 하나님의 백성을 해치는 자라는 두 가지 관점이 통합된 존재라고 설명한다. Stokes, *The Satan*, 79, 88, 109-11.
18 Reed, *Fallen Angels and the History of Judaism and Christianity*, 95.
19 Neil Forsyth, *The Old Enemy: Satan and the Combat Myth* (Princeton, N.J.: Princeton University Press, 1987), 190.
20 Wray and Mobley, *The Birth of Satan*, 104.
21 호슬리, 『서기관들의 반란』, 98-9.

희년서에는 선과 악의 이원론이 존재한다. 희년서 저자는 창세기-출애굽기의 내용을 재서술하며 악의 모든 원인의 배후에 사탄이 있다는 것을 설명한다.[22] 사탄은 하나님의 구원 계획을 방해하기 위해 인간을 악으로 인도한다. 사탄의 이런 일들은 창세기부터 이미 진행되고 있었다고 희년서는 설명한다. 그러나 희년서에서의 사탄도 여전히 한계가 있는 존재로 수용되었다.[23] 왜냐하면 그의 활동은 제한적이며, 그의 활동으로 인해 하나님께 형벌을 받기 때문이다(23:22-32). 하지만 희년서에서 사탄은 사악한 영들을 통합함으로써 그들의 지도자가 되었고, 후대의 자료들도 이를 수용했다.[24]

③ 열두 족장의 유언[25]

주전 2세기 문헌인 열두 족장의 유언에서 사탄은 악마, 벨리알, 원수 등으로도 불린다. 이 문헌에 의하면 인간에게는 두 개의 영(진리, 미혹)이 항상 붙어 다닌다(T. Jud. 20:1-2). 진리는 천사가 인도하고, 미혹은 사탄이 인도한다. 두 개의 영이 생기게 된 원인으로는 에녹1서와 같이 감시자들의 타락을 언급한다.

---

22 Wray and Mobley, *The Birth of Satan*, 103.
23 Russell, *The Method and Message of Jewish Apocalyptic*, 251; Ida Fröhlich, "Evil in Second Temple Texts", in *Evil and the Devil*, eds. Ida Fröhlich and Erkki Koskenniemi, LNTS 481 (London; Newdelhi; New York; Sydney: Bloomsbury, 2013), 35.
24 Stokes, *The Satan*, 94-9.
25 본문은 다음을 참고하였다. H. C. Kee, "Testaments of the Twelve Patriarchs(Second Century B. C.)", in *OTP* 1, ed. James H. Charlesworth (Garden City, New York: Doubleday, 1983), 782-828.

마찬가지로 감시자들은 자연의 질서에서 벗어났다. 주님은 홍수 때 그들에게 저주를 내리셨다.(T. Naph. 3:5)

하나님의 대적인 벨리알은 어둠의 왕이며, 악마는 기만의 왕자다(T. Sim. 2:7). 그들은 인간에게 죄를 짓도록 선동한다(T. Dan 1:7; 5:6; T. Benj. 6:1; 7:1).

이 영은 항상 사탄의 오른쪽에서 거짓을 가지고 움직이며, 그와 같은 행위가 야만과 속임수를 통해 이루어질 수 있도록 한다.(T. Dan 3:6)

족장들은 벨리알의 지배를 받지 않으려면 선을 행해야 한다고 백성에게 권한다(T. Naph. 8:4; T. Dan 5:1; 6:8). 결국 벨리알은 패배를 맞게 될 것이다(T. Levi 18:12; 19:1; T. Jud. 25:3; T. Jos. 20:2).

두 번째에는 심판의 날에 미혹과 벨리알의 영혼에 대한 복수를 위해 배열된 군대가 있다. 그들 위에는 성도들이 있다.(T. Levi 3:3)

그러나 반대로 악한 성향에 기울게 되면 인류는 벨리알의 지배를 받게 된다(T. Ash. 1:8).

열두 족장의 유언에 나오는 벨리알은 하나님을 대적한다. 이 문헌의 저자는 에녹1서와 연결된 타락한 감시자들의 모티브를 통해 악의 원인을 설명하고자 한다. 또한 악이 생겨난 후, 사탄과 그를 따르는 무리가 인간을 악에 빠지게 하지만, 사탄은 결국 패배를 맞이한다고 설명한다.

④ 욥의 유언[26]

사탄은 주전 1세기-주후 1세기 문헌인 욥의 유언에서 주로 사탄(3:3, 6; 17:1; 26:6 등)으로 불리고, 마귀, 악한 자(43:51; 43:17), 원수(7:11; 47:1, 10)로도 불린다. 욥의 유언은 구약성경과 칠십인역의 욥기의 내용 중 일부는 유지하고, 일부는 변형시켰다. 그 내용 중에서 사탄이 등장하는 프롤로그 본문은 많은 차이가 있다.[27] 욥기에서 사탄은 천상 회의에 등장해서 하나님께 욥의 경건성에 대해서 의문을 제기하고, 욥에게 고난을 주도록 허락을 받았다. 그러나 욥의 유언에서는 사탄이 하나님의 허락을 받고자 궁창 아래로 내려간다.

> 그가 내게서 물러난 뒤에, 그가 궁창 아래로 나갔을 때, 그는 주님께 내 물건에 대한 권위를 받을 수 있도록 간청하였다. 그리고 나서 권위를 받자 그가 와서 내 재산을 모두 빼앗았다.(8:1-3)

사탄은 일을 실행하기 위해서 욥기에서처럼 하나님의 허락을

---

26 본문은 다음을 참고하였다. R. P. Spittler, "Testament of Job", in *OTP* 1, ed. James H. Charlesworth (Garden City, New York: Doubleday, 1983), 839-68.

27 Jessie Rogers, "The Testament of Job as an Adaptation of LXX Job", in *Text-Critical and Hermeneutical Studies in the Septuagint*, eds. Johann Cook and Hermann-Josef Stipp, VTSup 157 (Leiden; Boston: Brill, 2012), 400-1; 샬러(B. Schaller)도 욥의 유언이 칠십인역의 영향을 받은 내용에 대해서 연구했다. Berndt Schaller, "Das Testament Hiobs und die Septuaginta-Übersetzung des Buches Hiob", *Bib* 61, no. 3 (1980): 377-406.

구하는 제한된 존재였다는 견지가 지속되고 있다. 하지만 하늘의 일원으로서 하나님의 아들들과 함께 등장하던 사탄이 이제는 하늘에 존재할 수 없게 되었다.

욥기와 욥의 유언은 사탄이 욥에게 고난을 준 원인에 있어서도 차이가 난다. 욥의 유언에서는 욥이 우상 숭배적인 성전을 파괴한 것에 대하여 사탄이 보복한 것이라고 밝힌다(5:1-3). 이 내용은 마치 희년서에서 아브람이 우상의 집을 불태웠다는 이야기를 생각나게 한다(Jub. 12:12-14). 욥기에서 욥은 사탄을 볼 수 없었고, 자신의 고통의 원인이 무엇인지 모른다. 그러나 욥의 유언에서는 고통의 원인을 알고 있고 시험을 이긴다. 시험을 인내하고, 견디는 욥의 모습은 열두 족장의 유언을 비롯한 많은 문헌에서 볼 수 있는 모티브다.[28]

특별히 욥의 유언에서는 욥의 고난에 대한 직접적인 책임이 하나님께 있다는 구약성경의 신앙이 계속된다.

> 그(빌닷)가 다시 나에게 말했다, "누가 너희의 재물을 파괴하였느냐? 누가 너희에게 이런 재앙을 주었느냐?" 나는 대답했다, "하나님."(37:3-4)

욥의 유언에서는 악과 관련된 모든 책임이 사탄에게 있다고 보지 않는다. 사탄을 악한 자로 표현하지만, 여전히 선과 악은 하

---

[28] 하스(C. Haas)는 고통과 관련된 인내와 굳건함을 배경으로 하는 다양한 문헌을 정리했다. Cees Haas, "Job's perseverance in the Testament of Job", in *Studies on the Testament of Job*, eds. Michael A. Knibb and Pieter W. Van der Horst, SNTSMS 66 (New York: Cambridge University Press, 2005), 138-51.

나님의 주관하에 있다는 구약성경의 일원론이 이어지고 있다.

⑤ 아담과 하와의 생애[29]

주후 1세기경 문헌인 아담과 하와의 생애에서는 사탄, 디아볼로스가 등장한다. 이 문헌에서는 사탄의 몰락을 다루며(12-16장), 에녹1서나 희년서와는 달리 사탄을 그의 교만으로 인해 하늘로부터 타락한 존재로 그 기원을 설명한다. 아담보다 먼저 창조된 사탄은 아담을 경배하라는 명령을 거부한다.

> 그리고 나(사탄)는 대답했다. "나는 아담을 경배하지 않는다." 그리고 미카엘이 계속 나를 경배하도록 강요했을 때, 나는 그에게 "왜 나를 강요하는가? 나는 내 앞에서 열등하고 뒤이은 자를 경배하지 않을 것이다. 나는 창조에 있어서 그보다 앞서 있다. 그가 만들어지기 전에, 나는 이미 만들어졌다. 그는 나를 숭배해야 한다."(14:3)

주후 1세기 후반경에 완성된 에녹2서도 아담과 하와의 생애와 유사하게 사탄의 기원을 설명한다. 하나님의 창조 둘째 날에 천사 중에 높은 지위를 가지고 있었던 자가 교만하여 하늘로부터 추방되었다. 이에 타락한 자와 그를 따르던 무리는 함께 공중에서 떠돌게 되었다(2 En. 29:3-5).[30]

---

29 본문은 다음을 참고하였다. M. D. Johnson, "Life of Adam and Eve", in *OTP* 2, ed. James H. Charlesworth (Garden City, New York: Doubleday, 1985), 258-95.
30 그러나 에녹2서에는 에녹1서나 희년서, 열두 족장의 유언에 있었던 이원론적 요소가 나타나지 않는다. 그래서 선과 악의 전쟁과 사탄의 패배, 궁극적인 하나님의 승리에 대한 내용이 없다. F. I. Andersen, "2 (Slavonic Apocalypse of) Enoch", in *OTP* 1, ed. James H. Charlesworth

하나님의 진노를 유발하게 될 것이라는 미카엘 대천사의 경고에도 불구하고 사탄은 경배를 거부한다. 오히려 하나님의 진노로 인해 자신이 하나님과 같이 될 것이라는 교만함을 표현한다(15:3). 그러자 사탄과 그를 따르는 무리가 하늘로부터 추방당한다.[31]

주 하나님은 나에게 화가 나셔서, 우리의 영광에서 나의 천사들과 함께 나를 보내셨다. 너희 때문에, 우리는 이 세상에 쫓겨났고, 땅 위에 던져졌다.(16:1)

하늘에서 쫓겨나게 된 사탄은 그 책임을 아담에게 전가한다(12:1). 그리고 복수심에 불타 인간에게 복수를 행한다(16:3-4). 그는 하와를 이용해서 아담을 타락하게 한다. 이 문헌에서는 에덴동산에서 선악과를 먹게 함으로써 인간을 타락하게 만든 원인으로 사탄을 지목한다.

(2) 쿰란 문헌[32] – 묵시적 배경에서 본 사탄

구약 위경이 작성되던 시기에 다른 흐름을 가진 문헌의 흔적

(Garden City, New York: Doubleday, 1983), 96.
31 사탄이 아담보다 전에 탄생했다는 것과 그의 행동으로 인해 추방된 모티브는 이사야 14:12-15과 상당히 유사하다. 송혜경은 아담과 하와의 생애의 저자가 이사야의 모티브를 사용해 타락을 묘사했다고 본다. 송혜경, 『사탄, 악마가 된 고발자』, 56.
32 본문은 다음을 참고하였다. F. 마르티네즈, E. 티그쎌라아르, 『사해 문서』, 한국학술진흥재단 학술명저번역총서 서양편 234, 4 vols., 강성열 역 (파주: 나남, 2008[*The Dead Sea Scrolls Study Edition*, trans. Florentino García Martínez and Eibert J. C Tigchelaar, Leiden; Boston: Brill, 1998]).

도 있다. 그 문헌들은 예루살렘 성전에서 추방되거나 떠난 자들이 세운 쿰란 공동체에 의해 쓰였다. 이 공동체는 주전 2세기 중반-주후 1세기경(주전약 150년-주후 68년)에 존재했던 것으로 알려져 있다. 그들은 자신들을 '빛의 아들들'이라고 불렀으며, 반대에 있는 자들을 '어둠의 아들들'이라고 불렀다. 구약성경뿐 아니라, 중간기 다양한 문헌이 이들의 신앙 형성에 큰 영향을 주었다.[33]

쿰란 문헌에서 사탄은 벨리알과 마스테마로 불린다.[34] 쿰란 문헌 중에서 다마스쿠스 문서(CD),[35] 공동체 규칙(1QS)과[36] 전쟁의 두 루마리(1QM)는 벨리알에 대한 언급이 많기에 벨리알의 특징을 잘 볼 수 있는 중요한 문헌들이다. 이 문헌들에서는 구약성경, 구약 위경과 연결되는 여러 본문을 발견할 수 있다. 특별히, 다마스쿠스 문서에서는 역대상에서처럼 이스라엘을 대적하는 벨리알의 모습이 그려진다(CD 4:13-16). 그리고 에녹1서에 나오는 감시자들의 타락과(CD 2:17-18)[37] 희년서를 언급한다(CD 16:3).[38] 그러나 쿰란 문

---

33 천사무엘, 『사해사본과 쿰란 공동체』 (서울: 대한기독교서회, 2004), 86-7.
34 쿰란 문헌에는 사탄과 동일한 어근 STN이 다섯 번 나오는데, 어떤 의미로 쓰였는지는 알기 어렵다. Nielsen, "Satan", 77; Stokes, *The Satan*, 146.
35 주전 1세기 중반(주전 165년) 문헌으로 알려져 있다. André Dupont-Sommer, *The Essene Writings from Qumran*, trans. G. Vermes, Meridian Books MG44 (Cleveland; New York: World Publishing Company, 1962[*Les écris esséniens découverts près de la mer Morte*, Paris: Les Editions Payot, 1961]), 167. 본문은 다음을 참고하였다. Philip R. Davies, *The Damascus Covenant: An Interpretation of the Damascus Document*, JSOTSup 25 (Sheffield: JSOT Press, 1982), 241-67.
36 주전 100년경 문헌으로 알려져 있다.
37 바우츠는 요한계시록 12:7-9; 20:1-3, 7-9에 나타난 초기 에녹 문서에 대한 재서술을 논의한다. Bautch, "The Fall and Fate of Renegade Angels", 69-87.
38 스톡스는 희년서와 다마스커스 문서가 상당히 많은 부분에서 연결되어 있음을 설명한다. Stokes, *The Satan*, 152-60.

헌은 악이 세상을 지배하는 것과 같은 상황을 집중적으로 표현한다. 벨리알이 세상을 지배하고(1QS 1:17-18, 23; 2:19; CD 4:12-19), 통치한다(1QM 14:9)고 보는 것이다.[39]

> 거짓의 자녀들에 대한 통치권이 있다. 어둠의 천사로 인하여 모든 의의 자녀들이 타락하게 되고, 그들의 모든 죄악과 불법과 범죄 행위와 악행은 그[벨리알]의 통치로 인하여 생겨나는 바 이는 하나님의 신비에 속한 것이다. 그분[하나님]이 정한 끝이 올 때까지 그렇다. 그리고 그들이 당하는 온갖 고통과 슬픔의 기간은 그분을 대적하는 원수(מַשְׂטֵמָה)의 통치 때문에 생겨난 것이다.(1QS 3:21-23)

세상을 통치하고 있는 벨리알은 사람의 마음에 침투할 수 있기에, 벨리알을 마음에 두지 않으려는 쿰란 공동체의 다짐이 나타나기도 한다(1QS 10:21; CD 5:17-19). 여섯 번째 시편에서도 벨리알은 사람의 마음속에서 악을 행하는 자로 그려진다(4Q88 10:10). 첫 번째 찬양의 노래에서도 벨리알은 하나님이 미워하는 계획을 가진 자로서, 악을 행하는 사람들은 벨리알의 음모를 따른다고 설명한다(1QH 12:12-13). 성경 주석집 A에 나오는 벨리알도 사람을 괴롭게 하는 존재다(4Q177 4:9, 11). 사람은 그를 떠나야 용서와 구원을 받는다(4Q177 3:10). 사람의 마음속에 악한 영향을 주는 사탄의 모습

---

39 Forsyth, *The Old Enemy*, 316.

은 구약 위경인 열두 족장의 유언서에도 빈번하게 나타났었다.

쿰란 문헌의 이원론은 하나님께서 인간의 마음에 둔 선한 영과 악한 영의 갈등에서 시작된다(1QS 4:16-23).⁴⁰ 두 영의 싸움은 후반부로 갈수록 우주적이 되고, 하나님과 벨리알의 싸움으로 발전한다.⁴¹ 그러나 악한 영은 하나님께 대항하지 못하고 하나님에 의해서 통치의 한계가 주어진다.⁴² 두 영의 갈등은 하나님이 최종적으로 구원과 심판을 이루실 때까지(1QS 4:7-13; 1QS 4:18-19) 지속된다(1QM 13:10-16). 그러나 궁극적으로, 악한 영은 하나님의 심판을 받게 되고(1QS 4:12; 1QM 18:1, 3; CD 8:2; 19:14), 하나님은 승리자가 되신다(1QM 13:1-18).⁴³

---

40 영이 꼭 두 개가 아닐 수도 있다. 다른 문서에서는 인간 안에 존재하는 아홉 개의 영에 대해서 설명한다(4QS 1,2:7-8a; 1,3:5b-6; 2,1:6b-8a). 비율이 다를 뿐 선과 악이라는 두 영역으로 나뉘는 것은 같다.
41 호슬리는 공동체 규칙과 다마스커스 문서에 나오는 영들은 우주적, 천상적 존재가 아니라, 윤리적, 사회, 정치, 경제의 세력들이라고 본다. 호슬리, 『서기관들의 반란』, 236-43; 많은 학자가 쿰란 문헌의 빛과 어둠의 영의 이원론적 세계에 대한 사상이 페르시아의 일신론적 이원론과 유사하다고 본다. Dupont-Sommer, *The Essene Writings from Qumran*, 77; 존 J. 콜린스, 『묵시문학적 상상력: 유다 묵시문학 입문』, 가톨릭문화총서 14 역사신학 3, 박영식 역 (서울: 가톨릭출판사, 2006 [John J. Collins, *The Apocalyptic Imagination: An Introduction to Jewish Apocalyptic Literature*, 2nd ed., Grand Rapids, Mich.: Eerdmans, 1998]), 165; Andy M. Reimer, "Rescuing the Fallen Angels: The Case of the Disappearing Angels at Qumran", *DSD* 7, no. 3 (2000): 346; Helmer Ringgren, *The Faith of Qumran* (Philadelphia: Fortress Press, 1963), 78-80; David Winston, "The Iranian Component in the Bible, Apocrypha, and Qumran: A Review of the Evidence", *History of Religions* 5, no. 2 (1966): 183-216; 이와 달리 유대교 내부에서 일어난 선과 악에 대한 발전의 결과로 보는 의견도 있다. James Barr, "The Question of Religious Influence: The Case of Zoroastrianism, Judaism, and Christianity", *JAAR* 53, no. 2 (1985): 201-35; 스톡스는 초기 유대인들의 내부적 발전과 더불어 조로아스터교의 영향이 개념 체계를 형성하는 데 도움을 주었다고 설명한다. Stokes, *The Satan*, 191-4.
42 Ringgren, *The Faith of Qumran*, 72; 그래서 데이비스는 쿰란 문헌을 명확한 이원론으로 보기에는 어렵다고 설명한다. Philip R. Davies, "Eschatology at Qumran", *JBL* 104, no. 1 (1985): 50-1.
43 성서 주석집 A에도 같은 내용이 있다(4Q177 4:11, 14-16).

그의 해로운 계획으로 인하여, 그리고 그의 사악한(משטמה)[44] 통치로 인하여 벨리알은 저주를 받으리라! 그에게 속한 모든 영들은 그들의 악한(1QM 13:14)

벨리알은 그를 추종하는 무리와 함께 활동하지만 결국은 모두 내쫓긴다(1QS 2:5; 1QM 1:1, 13, 15: 4:2; 11:8; 13:2; 15:3; 16:11; 18:1, 3).

그리고 지금은 하나님의 백성이 구원받을 때요, 그에게 속한 사람들 모두를 다스릴 때요, 벨리알의 무리에 속한 자들 모두를 영원히 파멸시킬 때다.(1QM 1:5)

쿰란 문헌이 이와 같은 주제에 집중한 이유는 무엇일까? 머피(Frederick James Murphy)는 묵시 문학적 세계관과 방향성을 드러내기 위함이었다고 본다.[45] 그는 쿰란 문헌에서 선악의 대비 모티브가 사용된 이유는 쿰란 공동체에 소속된 사람들과 그렇지 않은 사람들을 대비시키는 사회적 이원론을 설명하기 위함이라고 말한다.[46]

쿰란 문헌은 구약성경의 많은 본문을 인용하였지만,[47] 사탄과

---

[44] 마스테마가 벨리알과 같은 존재로 나타나지 않고, 형용사의 의미로 사용되었다.
[45] 프레더릭 J. 머피, 『초기 유대교와 예수 운동: 제2성전기 유대교와 역사적 예수의 상관관계』, 유선명 역 (서울: 새물결플러스, 2020[Frederick James Murphy, *Early Judaism: The Exile to the Time of Jesus*, Grand Rapids, MI: Baker Academic, 2002]), 243.
[46] 머피, 『초기 유대교와 예수 운동』, 344-5.
[47] 창세기 20(21), 출애굽기 16, 레위기 12(13), 민수기 6(7), 신명기 30(32), 여호수아 3, 사사기 4, 사무엘상하 4, 열왕기상하 3, 이사야 21, 예레미야 6, 에스겔 6, 열두 소예언서 8, 시편 34(36), 잠

관련된 본문은 인용하지 않았다. 구약성경에서는 사탄이 묵시적 이원론과 관련되지 않기 때문이다. 쿰란 문헌은 구약 위경 문학들에 자주 나오는 감시자들의 타락을 간략하게 언급하기는 하지만, 그들의 기원을 다루지는 않는다. 쿰란 문헌에 등장하는 사탄은 이전 문헌들과 달리 완전히 새롭다. 이전 문헌인 에녹1서에서는 감시자들의 몰락 원인이 하나님께 대적했기 때문이 아니라, 그들 자신들의 행동 때문이었다고 밝힌다. 쿰란 문헌에서는 사탄이 하나님께 대적하다가 몰락한다.[48] 하지만 이것이 사탄의 존재에 관한 기원을 설명하는 것은 아니다. 사탄의 기원에 관해 설명하지 않는 현상은 쿰란 공동체가 사탄의 기원에는 관심이 없었음을 보여 준다.[49]

쿰란 문헌은 벨리알을 사용하여 자신들의 상황을 설명할 수 있는 내용에 집중한다. 쿰란 공동체가 존재하던 시기는 그리스와 로마라는 외부적인 공격과 대제사장의 임명 등과 관련된 유대인들 간의 내부적 분란이 함께 일어났던 때였다. 그리스의 공격은 안티오코스 4세 때 가장 심했다. 그 시기에는 예루살렘 성전의 대제사장직에 대한 갈등이 자주 일어났었다. 안티오코스 4세는 유대인들에게 두 가지 큰 어려움을 주었다. 하나는 막대한

언 4, 욥기 4, 아가 4, 룻기 4, 애가 4, 전도서 2, 다니엘 8, 에스라 1, 느헤미야 1, 역대상하 1, 총 206회(또는 213회). James C. VanderKam, *The Dead Sea Scrolls today*, 2nd ed. (Grand Rapids, Mich.: Eerdmans, 2010), 48.

48 T. F. Glasson, *Greek Influence in Jewish Eschatology: With Special Reference to the Apocalypses and Pseudepigraphs.*, SPCKBM 1 (London: SPCK, 1961), 67.

49 Reimer, "Rescuing the Fallen Angels", 351.

조공을 부여한 것이고, 또 다른 하나는 유대 종교를 폐지시키기 위해 율법을 금지하고, 이교도의 우상 숭배와 성전 창기 제도를 예루살렘 성전에 도입한 것이다. 이를 반대하다가 광야로 피했던 자들은 안티오코스 4세의 군대에 의해 안식일에 처형되었다. 마침내 안티오코스의 정책에 대항한 하스모니안 가문이 마카베오 혁명을 일으켰고, 예루살렘 성전을 탈환했지만, 쿰란 공동체는 다윗의 후손이 아니라는 이유로 하스모니안 왕조를 반대했다.

그 후, 로마에 의한 통치로 쿰란 공동체는 지속적인 박해를 당했다.[50] 이런 상황에서 그들은 역사적인 사건들보다는 자신들의 공동체를 하나님께서 다루시는 방식에 더 많은 관심이 있었다고 머피는 설명한다.[51] 그렇기에 쿰란 공동체는 세상을 지배하고 있고, 악한 영들을 거느리고 있으며, 전쟁을 통해 선의 세력에 대항하지만 때가 되면 결국 패배할 벨리알/마스테마의 이야기에 더욱 초점을 맞추었다. 그들은 자신들의 반대에 있는 악의 세력인 벨리알이 언젠가는 패망할 것이라는 기대를 품고 있었다.

---

50 천사무엘, 『사해사본과 쿰란 공동체』, 87-106.
51 머피, 『초기 유대교와 예수 운동』, 311.

2

기독교와 유대교의
선택적 사탄 수용과 정체성 형성

1) 기독교 문헌의 사탄 수용

　신약성경에서 사탄이 언급된 본문들은 바울서신, 공관복음, 요한 문헌으로 분류할 수 있다. 각 문헌은 맥락에 따라 사탄의 어떤 한 모습을 강조하여 기술한다. 이는 후에 초대 교부들이 사탄의 모습을 선택적으로 수용하여 자신들의 논지를 강화하는 발판이 되었다.
　바울서신에서 사탄이 나오는 내용의 대부분은 복음을 전하는 하나님의 사역과 예수를 믿는 공동체의 상황과 관련 있다. 바울서신은 중간기 유대 문헌에 나오는 사탄과 관련된 다양한 용어 대신, 구약성경의 '사탄'을 그대로 번역한 '사타나스(σατανᾶς)'를 대부분 사용한다. 비교적 후대의 문헌인 에베소서와 디모데전후서에서는 '마귀(διάβολος)'를 사용한다. 또한 '공중의 권세 잡은 자(τὸν ἄρχοντα τῆς ἐξουσίας τοῦ ἀέρος, 엡 2:2)', '악한 자(τοῦ πονηροῦ, 엡 6:16)'라고도 부른다. 하나님의 사역을 방해하는 존재로서 '시험하는 자(ὁ πειράζων, 살전 3:5)'라고도 사탄을 부른다. 바울서신이 강조한 사탄은 한계적 존재, 대적자, 패배자의 모습이다.

공관복음에서도 바울서신과 유사하게, 구약성경과 구약 위경에서 사탄을 이해하던 개념이 그대로 이어진다. 공관복음은 메시아 예수의 생애와 하나님 나라를 선포하는 그의 메시지를 집중적으로 기록하는데, 사탄은 바로 그 예수를 반대하는 자였다. 공관복음에는 사탄(σατανᾶς), 마귀(διάβολος), 바알세불(Βεελζεβούλ)이라는 호칭이 나오고, 세 단어 모두 역할과 기능 면에서는 차이가 없다.[1] 그중 바알세불은 귀신의 왕으로 묘사된다(마 12:22-30; 막 3:22-27; 눅 11:14-23).[2] 공관복음이 강조한 사탄의 모습은 악의 원인, 대적자, 패배자다.

요한 문헌[3]에서 사탄은 다른 신약성경에서처럼 행동한다. 그

---

1 John T. Carroll, *Luke*, NTL (Louisville, KY.: Westminster John Knox Press, 2012), 102; 페이절스는 복음서에 나타난 사탄을 실재하는 대적, 즉 유대인들로 본다. 사탄의 이름이 다양하게 표현된 것도 대적으로 인식될 만한 유대인들이 다양했기 때문이라고 주장한다. 페이절스, 『사탄의 탄생』, 28-30; 맥컬리는 이 단어가 모두 종말론적인 혼돈의 세력을 의미한다고 본다. McCurley, *Ancient Myths and Biblical Faith*, 64-6.
2 기록 시기가 비슷한 솔로몬의 유언에서도 같은 의미로 사용되었다(T. Sol. 6:1). 악마의 우두머리를 의미하는 바알세불에 대한 자세한 연구는 다음을 참고하라. W. E. M. Aitken, "Beelzebul", *JBL* 31, no. 1 (1912): 34-53; 우가릿어 zbl과 연관된 의미 연구는 다음을 참고하라. E. C. B. MacLaurin, "Beelzeboul", *NovT* 20, no. 2 (1978): 156-60.
3 현대 신학 연구에서 요한계시록은 요한 문헌으로 통칭하지 않고, 묵시 문학으로 분류한다. 그러나 요한계시록은 사탄에 대한 이해가 요한 문헌과 동일하므로 이 책에서는 요한 문헌과 함께 연구한다.

리고 욥기에 나오는 사탄과 같이 사람에게 고난을 줄 수 있고
(계 2:10; 12:12),[4] 구약성경에서 고발자로 등장했던 모습도 보인다(계
12:10).[5] 아우네(D. E. Aune)는 참소하다라는 의미인 그리스어 '카테고
르(κατήγωρ)'는 히브리어 사탄을 직역한 것으로, 이 단어에 관사가
붙은 이유는 사탄이라는 존재가 고발자였다는 점이 이미 초기
기독교 안에서 잘 알려져 있었기 때문이라고 설명한다.[6] 이 외에
도 요한 문헌에는 사탄과 뱀을 동일시하는 구약 위경의 내용도
등장한다(계 12:9; 20:2; LAE 16:3). 요한 문헌은 세상을 다스리고, 사람의
마음에 침투하지만, 결국 궁극적 패배자인 사탄을 설명하는 데
초점을 맞춘다.

신약성경 이후, 사탄을 어떻게 받아들였는지 그 변화를 알아보
려면 니케아 공의회를 통해 교리화가 일어나기 전, 주후 2-4세
기 초대 교부들의 문헌을 살펴보면 된다.[7] 이 시기에도 로마는 여
전히 기독교인들을 박해했다. 이전과 같은 조직적 박해는 없었
지만, 많은 순교자가 생겨났다. 그래서 그 당시 기독교인들에게
필요한 것은 예수에 대한 분명한 신앙고백이었다. 그래서 유스
티누스(Justin Martyr, 100/110년경-165년)와 같은 많은 변증가가 이 시기에

---

4   비일(G. K. Beale)은 욥기뿐만 아니라 스가랴와도 연결한다. 그레고리 K. 비일, 『요한계
    시록(하)』, 오광만 역 (서울: 새물결플러스, 2016[G. K. Beale, *The Book of Revelation: A
    Commentary on the Greek Text*, NIGTC, Grand Rapids, Mich.: Eerdmans, 1999]), 1116.
5   비일, 『요한계시록(하)』, 1115-23.
6   데이비드 E. 아우네, 『요한계시록(중) 6-16』, WBC 성경주석 52중, 김철 역 (서울: 솔로몬,
    2004[David E. Aune, *Revelation 6-16*, WBC 52B, Nashville: Thomas Nelson Publishers,
    1998]), 583.
7   본문은 다음을 참고하였다. Philip Schaff, *Ante-Nicene Fathers*, 10 vols. (1885; repr., Grand
    Rapids, MI: Eerdmans, 2001).

왕성하게 활동했다.[8] 여기서는 사탄에 대한 언급 중 주목해볼 만한 문헌들만 살펴보려고 한다. 초대 교부들은 사탄을 악의 원인, 통치자, 대적자, 패배자로 보았다.

(1) 한계적 존재

구약성경에서 한계적 존재로 묘사되었던 사탄의 개념이 바울서신에서도 이어진다. 바울서신에는 공동체에 해가 되는 사람을 사탄에게 넘겨준다는 특별한 '의식'을 설명하는 두 개의 두 본문이 있다.[9]

이런 자를 사탄에게 내주었으니 이는 육신은 멸하고 영은 주 예수의 날에 구원을 받게 하려 함이라(고전 5:5)

그 가운데 후메내오와 알렉산더가 있으니 내가 사탄에게 내준 것은 그들로 훈계를 받아 신성을 모독하지 못하게 하려 함이라(딤전 1:20)

---

[8] 후스토 L. 곤잘레스, 『초대교회사』, 엄성옥 역 (서울: 은성출판사, 2012[Justo L. González, *The Story of Christianity 1*: The Early Church to the Reformation, 2nd ed., New York: HarperOne, 2010]), 87-8.

[9] 차정식은 이 내용의 배경에 "저주 의식"이 있음을 논증했다. 차정식, "'사탄에게 넘겨줌'의 의미와 초기 기독교의 저주 의식: 고린도전서 5:4-5와 디모데전서 1:20을 중심으로", 『신약논단』 26 (2, 2019): 413-47; 다음도 참고하라. 요아힘 그닐카, 『바울로』, 신학 텍스트 총서 1.2, 이종한 역 (서울: 분도출판사, 2008[Joachim Gnilka, *Paulus von Tarsus: Apostel und Zeuge*, Freiburg im Breisgau: Verlag Herder, 1996]), 256-7; 갈런드(D. E. Garland)는 주술 의식을 반박한다. 그리고 이 본문에 대한 여러 학자의 해석을 정리하고 가장 좋은 대안을 제시한다. 데이비드 갈런드, 『고린도전서』, 조호영 역 (서울: 부흥과개혁사, 2019[David E. Garland, *1 Corinthians*, BECNT, Grand Rapids, Mich.: Baker Academic, 2003]), 242-50; 사우스(J. T. South)도 유사하게 저주의 목적으로 바울이 이 본문을 사용하지 않았다고 지적한다. 그는 바울이 공동체의 일탈자를 되찾고 공동체를 보호하려고 훈계한 것으로 이 본문을 해석해야 한다고 본다. James T. South, "A Critique of the 'Curse/Death' Interpretation of 1 Corinthians 5, 1-8", *NTS* 39, no. 4 (1993): 539-61.

손턴(D. T. Thornton)은 위의 두 구절과 욥기 2:6을 칠십인역 본문으로 비교하여 언어의 유사성이 있음을 먼저 밝힌 후, 바울이 욥기를 해석했던 시각으로 두 본문을 분석한다. 연구에 의하면 욥기의 사탄은 하나님의 적이었던 것은 확실하나, 그의 행동으로 말미암아 하나님의 목표를 이루었다. 마찬가지로 고린도전서 5:5과 디모데전서 1:20에서 사탄에게 넘겨주는 행위를 하는 것은 악한 일일 수 있으나, 그것이 욥기 본문처럼 하나님의 목표를 이룬다는 바울의 기대가 있다고 본 것이다.[10] 비슷한 의미에서 바울은 자신에게 있는 육체적 고통이 사탄의 가시와 같지만(고후 12:7), 그 고통이 자신에게 교육적인 효과가 있다고 생각했을 것이다. 그렇게 바울서신은 사탄을 구약성경처럼 하나님의 주관하에 있는 존재로 인식하고 있었다.

(2) 대적자

구약 위경에서 사탄을 사람의 마음에 영향을 주는 존재로 보았던 모습이 바울서신에서도 이어진다. 바울서신에서 사탄은 사

---

[10] D. T. Thornton, "Satan as adversary and ally in the Process of Ecclesial Discipline: The Use of the Prologue to Job in 1 Corinthians 5:5 and 1 Timothy 1:20", *TynBul* 66, no. 1 (2015): 144-50; 같은 의견으로는 하워드 마샬,『신약성서 신학』, 박문재, 정용신 역 (고양: 크리스챤다이제스트, 2006[I. Howard Marshall, *New Testament Theology: Many Witnesses, one Gospel*, Downers Grove: Inter Varsity Press, 2004]), 313; 고든 피,『고린도전서』, 최병필 역 (서울: 부흥과개혁사, 2019[Gordon D. Fee, *The First Epistle to the Corinthians*, rev. ed., NICNT, Grand Rapids, MI: Eerdmans, 2014]), 291; 스톡스는 이 본문에서 사탄은 하나님의 대리자였다고 본다. Stokes, *The Satan*, 209.

람의 연약한 부분을 공격하여 시험하는 자이자 유혹자다(살전 3:5).

> 서로 분방하지 말라 다만 기도할 틈을 얻기 위하여 합의상 얼마 동안은 하되 다시 합하라 이는 너희가 절제 못함으로 말미암아 사탄이 너희를 시험하지 못하게 하려 함이라(고전 7:5)

인간의 부도덕함을 이용하는 사탄의 모습은 이미 같은 문제로 타락했었던 사탄을 생각나게 한다(1 En. 6-7장; T. Reu. 5:5-7; 6:3; CD 4:15-17). 데살로니가전후서에서 사탄은 사람들의 악함을 사용하여(살후 2:9) 하나님의 일을 방해한다(살전 2:18). 또한 복음을 받아들이지 못하게 하는 이 세상의 신이다(고후 4:4). 이렇게 바울서신에서 사탄은 사람을 제한 없이 유혹한다.[11]

고린도후서에는 사탄이 광명의 천사로 가장한다는 진술도 나온다.

> 이것은 이상한 일이 아니니라 사탄도 자기를 광명의 천사로 가장하나니(고후 11:14)

이 본문은 바울이 거짓 교사들에 대해 경고하는 메시지의 일부다. 거짓 교사들을 사탄과 연결시켜, 그리스도로부터 우리를

---

11 마샬, 『신약성서 신학』, 296.

떠나게 하려는 그들의 목적을 경계해야 한다고 말한다. 이는 아담과 하와의 생애에서 빛나는 천사로 나타나 하와를 유혹한 사탄을 수용한 결과다(LAE 9:1).[12]

바울서신에서 사탄은 예수의 반대편에 있는 대적자를 의미하기도 한다. 고린도전서는 사탄을 이 세상의 통치자들이라고 부른다(고전 2:6-7). 그들은 예수를 믿지 않는 자들이었기에 예수를 십자가에 못 박은 대적과 같았다. 고린도후서는 신약성경에서 유일하게 벨리알을 언급한다.[13]

> 너희는 믿지 않는 자와 멍에를 함께 메지 말라 의와 불법이 어찌 함께 하며 빛과 어둠이 어찌 사귀며 그리스도와 벨리알이 어찌 조화되며 믿는 자와 믿지 않는 자가 어찌 상관하며(고후 6:14-15)

신자와 불신자의 대조 패턴 속에서 벨리알이 그리스도와 반대되는 의미로 사용되고 있다. 이는 예수를 믿고 신자가 되기로 결심한 사람들은 불신자들처럼 행동하지 말아야 한다는 바울의 권면의 일부로, 그 내용은 고린도 지역의 제사 의식에 참여하는 불

---

[12] Johnson, "Life of Adam and Eve", 255.
[13] 레디쉬는 벨리알이 선과 악의 전쟁을 그리는 쿰란 문헌에서 기원했을 것으로 본다. Mitchell G. Reddish, *Apocalyptic Literature: A Reader* (Peabody, Massachusetts: Hendrickson Publishers, 1990), 225; 그러나 마틴(R. P. Martin)은 바울서신이 그리스도와의 대립을 설명할 때, 거의 일관되게 '사탄'이라는 용어를 사용했는데, 왜 이곳에서만 벨리알을 사용하는지에 의문을 제기한다. 결론적으로 마틴은 하나님의 대적인 벨리알은 쿰란 문헌과 신약성경에서 각각 독립적으로 발전했다고 주장한다. 랠프 P. 마틴, 『고린도후서』, WBC 성경주석 40, 김철 역 (서울: 솔로몬, 2007[Ralph P. Martin, *2 Corinthians*, WBC 40, Nashville: Thomas Nelson Publishers, 1986]), 425-7.

신자들처럼 되지 말라는 것이었다.[14]

또한 바울은 악한 자 또는 이단 세력의 배후에 사탄이 있다고 생각했다(딤전 5:15). 그래서 항상 대비하라고 권면한다.

> 마귀의 간계를 능히 대적하기 위하여 하나님의 전신 갑주를 입으라(엡 6:11)

베드로전서에도 마귀를 대적해야 한다는 내용이 나온다(벧전 5:8). 참고로, 마귀를 대적하는 것이 가능하며, 대적할 경우 마귀가 피한다는 내용은 열두 족장의 유언에 자주 등장한다(T. Sim. 3:3; T. Iss. 7:7; T. Dan 5:1; T. Naph. 8:4). 에베소서는 그리스도를 믿음으로써 새로운 삶을 살아가는 사람들에게 실천적 권면을 한다. 예수를 믿기 전에는 공중의 권세 잡은 자로 인해 죄를 지었으나(엡 2:2), 이제는 예수를 믿으니 마귀에게 틈을 주지 말라(엡 4:27)는 것이다. 마귀에게 주는 틈은 분노와 관련이 있다. 분노와 마귀의 연결은 단의 유언을 생각나게 한다. 단의 유언에서 분노는 하나님을 떠나게 하며 벨리알의 지배를 받는 길이었다(T. Dan 4:7; 5:1). 분노는 공동체 일원들의 관계를 깨지게 할 수 있는 문제의 소지가 된다. 사탄은 그리스도인의 공동체를 흔드는 대적이다.

신약성경에는 유일하게 사람을 사탄이라고 직접 칭하는 예시

---

14 폴 바넷, 『고린도후서』, 전용우 역 (서울: 부흥과개혁사, 2020[Paul Barnett, *The Second Epistle to the Corinthians*, NICNT, Grand Rapids, MI: Eerdmans, 1997]), 425.

가 나온다.

예수께서 돌이키시며 베드로에게 이르시되 사탄아(σατανᾶ) 내 뒤로 물러가라(마 16:23)

예수께서 돌이키사 제자들을 보시며 베드로를 꾸짖어 이르시되 사탄아(σατανᾶ) 내 뒤로 물러가라(막 8:33)

이 본문은 예수가 제자들에게 십자가 수난을 설명하는 첫 장면이다. 베드로는 이 본문에서 예수의 십자가를 막는 대적자였기에, 예수는 그를 사탄이라고 불렀다.[15] 이는 베드로를 귀신들의 왕인 사탄과 동일한 존재로 본다는 뜻이 아니라, 베드로의 행동이 사탄의 행동과 동일하다는 것을 표현하려는 것이다. 공관복음에서는 예수의 사역을 막거나 방해하는 행위가 곧 사탄의 일로 여겨졌기에 베드로의 행동은 사탄의 행위와 다를 바가 없었다.[16] 그래서 마태복음에서 예수가 사탄을 물리칠 때 "사탄아, 물러가라(ὕπαγε, σατανᾶ)"라고 말한 것처럼 베드로에게도 "사탄아, 내

---

15 장애물로 보는 의견도 있다. Wray and Mobley, *The Birth of Satan*, 123; 다른 한편으로는 사탄이 베드로의 자아가 표현된 것이라고 보기도 한다. Jan Dochhorn, "The Devil in the Gospel of Mark", in *Evil and the Devil*, eds. Ida Fröhlich and Erkki Koskenniemi, LNTS 481 (London; Newdelhi; New York; Sydney: Bloomsbury, 2013), 98-100.
16 도날드 해그너, 『마태복음 14-28』, WBC 성경주석 33하, 채천석 역 (서울: 솔로몬, 2006[Donald A. Hagner, *Matthew 14-28*, WBC 33B, Dallas, Texas: Word Books, 1995]), 774; 데이비드 터너, 『마태복음』, 배용덕 역 (서울: 부흥과개혁사, 2014[David L. Turner, *Matthew*, BECNT, Grand Rapids, MI: Baker Publishing Group, 2008]), 535-6; Craig L. Blomberg, *Matthew*, NAC 22, Nashville: Broadman Press, 1992), 259; 크레이그 A. 에반스, 『마가복음(하)』, WBC 성경주석 34하, 김철 역 (서울: 솔로몬, 2007[Craig A. Evans, *Mark 8:27-16:20*, WBC 34B, Nashville: Thomas Nelson, 2001]), 142-3.

뒤로 물러가라(ὕπαγε ὀπίσω μου, σατανᾶ)"라고 말한 것이다.

세상을 통치하고 있는 사탄은 사람의 마음에 침투해서 예수의 사역을 방해하는 악한 일을 한다.

> 조각을 받은 후 곧 사탄이 그 속에 들어간지라 이에 예수께서 유다에게 이르시되 네가 하는 일을 속히 하라 하시니(요 13:27)

그래서 요한일서에서는 사탄을 바울서신에서와 같이 '악한 자'라고 부른다(요일 2:13-14; 5:18-19). 사람의 마음속에 악한 영향을 주는 사탄은 구약 위경 중 하나인 열두 족장의 유언서에도 빈번하게 나타났지만 목적에서 차이가 난다. 구약 위경에서 그리는 사탄의 목적은 죄를 짓게 하는 것이지만, 요한 문헌에서는 예수의 사역을 막는 것이다. 바울서신과 공관복음처럼 요한 문헌에서도 사탄은 하나님의 사역, 복음, 예수를 막기 위해 사람을 이용한다.

사람이 사탄에게 영향을 받게 되면 사탄처럼 예수의 대적자가 된다. 그래서 요한복음에서는 예수의 대적이 되는 그 자체가 마귀로부터 온 것이라고 설명한다(요 6:70).

> 너희는 너희 아비 마귀에게서 났으니 너희 아비의 욕심대로 너희도 행하고자 하느니라 그는 처음부터 살인한 자요 진리가 그 속에 없으므로 진리에 서지 못하고 거짓을 말할 때마다 제 것으로 말하나니 이

는 그가 거짓말쟁이요 거짓의 아비가 되었음이라(요 8:44)

이 본문은 예수가 유대인들에게 하는 말씀을 배경으로 한다. 예수를 믿고 진리가 그 속에 있는 자들은 하나님의 자녀이지만, 예수를 믿지 않고 죽이는 일에 앞장서는 자들은 마귀의 자녀들이다. 요한일서에도 유사한 이해가 나온다. 죄의 기원을 마귀에게 두고 있으며(요일 3:8), 마귀를 의를 행하지 않는 자들의 아비라고 부른다(요일 3:10). 요한 문헌은 마귀의 유혹에 넘어간 자들을 마귀의 자녀라고 통칭한다. 이들은 결국 예수를 반대하는 자들이다. 요한계시록에서도 '사탄의 회당'을 언급하면서 예수를 반대하는 유대인들을 적대시한다(계 3:9).

> 내가 네 환난과 궁핍을 알거니와 실상은 네가 부요한 자니라 자칭 유대인이라 하는 자들의 비방도 알거니와 실상은 유대인이 아니요 사탄의 회당이라(계 2:9)

브라운(R. E. Brown)의 말처럼 요한 문헌의 기록 목적 중 하나는 유대인들의 주장에 맞서기 위함이다. 그래서 '사탄의 회당'이라는 표현이 자주 등장한다.[17] 이는 주후 80-90년대에 유대인들이 그리스도를 주로 고백하는 기독교 공동체에 속한 유대인들을 축출

---

17 레이몬드 E. 브라운, 『앵커바이블 요한복음 I: 표적의 책』, 최흥진 역 (서울: 기독교문서선교회, 2013[Raymond E. Brown, *The Gospel According to John(I-XII)*, AYB, London: Yale University Press, 2008]), 101.

하는 갈등 관계의 맥락 속에 있다. 그래서 초기 기독교 공동체는 자신들을 축출하려는 유대인들의 회당을 '악'으로 규정한다.[18] 초기 기독교 공동체와 유대인들의 갈등 사이에는 예수를 하나님의 아들로 인정하는 문제가 있었다. 요한 문헌의 입장에서는 예수를 반대하는 유대인들은 곧 사탄의 일을 하는 것과 마찬가지였다.

교부들에게도 사탄은 예수를 믿지 않거나, 예수의 사역을 방해하거나, 공동체에 해가 되는 존재였다. 폴리카르포스(Polycarpus, 69-155)는 주후 2세기 중반에 '빌립보에 보내는 서신(Epistle of Polycarp to the Philippians)'에서 예수에 관한 신앙고백을 받아들이지 않는 사람을 사탄과 연관 지었다.[19]

예수 그리스도께서 육신으로 오셨다고 고백하지 않는 사람은 적그리스도다. 십자가의 증거를 고백하지 않는 사람은 마귀의 것이다. 주님의 말씀을 자신의 정욕으로 왜곡하고 부활도 심판도 없다고 말하는 사람은 사탄의 맏아들이다.(Pol. Phil. 7)

로마의 히폴리투스(Hippolytus of Rome, 189년 이전-235년)는 '모든 이단에 대한 반박(Refutation of All Heresies)'에서 이단은 사탄이 교회를 비방하

---

18 레이몬드 E. 브라운, 『앵커바이블 요한복음 II: 영광의 책』, 최흥진 역 (서울: 기독교문서선교회, 2013[Raymond E. Brown, *The Gospel According to John(XIII-XXI)*, AYB, London: Yale University Press, 2008]), 1367.
19 Schaff, *Ante-Nicene Fathers*, 1:35.

고자 보낸 자들이라고 언급한다.[20]

(이제 이단자들) 그 자체는 사탄에 의해 보내졌는데, 이방인들 앞에서 교회의 신성한 이름을 비방하기 위한 목적이었다.(Haer. 7.20)

(3) 패배자

중간기 유대 문헌에서 궁극적 패배자였던 사탄의 모습이 바울 서신에도 나온다. 로마서를 보면 사탄이 몰락을 당하는 자로 나타난다.

평강의 하나님께서 속히 사탄을 너희 발 아래에서 상하게 하시리라 우리 주 예수의 은혜가 너희에게 있을지어다(롬 16:20)

바울이 이 구절에서 창세기 3:15을 암시하고 있다면, 구약 위경에 나오는 뱀과 사탄의 연결, 그리고 악한 영들의 짓밟힘 모티브를 수용한 것으로 보인다(T. Levi 18:12; T. Sim. 6:6). 구약 위경에서 사탄의 몰락은 공동체에 고난을 주는 자들과 그들의 이면에 있는 사탄의 몰락을 동시에 가리켰고, 바울도 같은 이해를 가지고 있었던 것이다. 이 본문에서 사탄은 기독교 공동체에 해를 끼치고,

---

20   Schaff, *Ante-Nicene Fathers*, 5:114.

바울의 선교를 반대하는 자들과 그들의 이면에 있는 존재를 의미한다.[21]

마태복음과 누가복음에는 사탄을 물리치는 예수의 이야기가 기록되어 있다(눅 4:12-13).

이에 예수께서 말씀하시되 사탄아 물러가라 기록되었으되 주 너의 하나님께 경배하고 다만 그를 섬기라 하였느니라 이에 마귀는 예수를 떠나고 천사들이 나아와서 수종드니라(마 4:10-11).

사탄이 예수를 대적하고 있지만 그는 예수에게 패배당하는 제한적인 존재다.[22] 사탄이 예수를 시험하는 이 내용은 앞으로 그가 패배할 이야기가 펼쳐질 것을 기대하게 한다. 구약 위경에서 사탄은 하나님에 의해 패배했다. 그러나 공관복음 저자들은 예수에 의해 그 일이 일어난다고 해석한다. 슈낙켄부르크(Rudolf Schnackenburg)의 언급처럼 공관복음에서 사탄이 예수에게 패배하는 내용은 예수가 하나님의 아들임을 드러내는 가장 확실한 증거다.[23]

---

21 Wray and Mobley, *The Birth of Satan*, 130-1; Forsyth, *The Old Enemy*, 260; 토머스 슈라이너, 『로마서』, 배용덕 역 (서울: 부흥과개혁사, 2012[Thomas R. Schreiner, *Romans*, BECNT, Grand Rapids, MI: Baker Academic, 1998]), 945; Ulrich Wilckens, *Der Brief an Die Römer 3*, EKKNT 6/3 (Zürich: Benziger Verlag; Neukirchen-Vluyn: Neukirchener Verlag, 1982), 143.
22 대럴 벅, 『누가복음 1』, 신지철 역 (서울: 부흥과개혁사, 2013[Darrell L. Bock, *Luke 1:1-9:50*, BECNT, Grand Rapids, MI: Baker Publishing Group, 1994]), 548-9; Thomas Thomason Perowne, *Haggai and Zechariah* (Cambridge: Cambridge University Press, 1890), 155-6.
23 루돌프 슈낙켄부르크, 『복음서의 예수 그리스도』, 신학 텍스트 총서 13, 김병학 역 (서울: 분도출판사, 2009[Rudolf Schnackenburg, *Jesus Christus im Spiegel der vier Evangelien*, Freiburg

누가복음에는 구약 위경을 생각나게 하는 특별한 본문이 나온다.

예수께서 이르시되 사탄이 하늘로부터 번개같이 떨어지는 것을 내가 보았노라(눅 10:18)

누가복음과 기록 시기와 비슷한, 주후 1-3세기의 문헌인 솔로몬의 유언 20:17에서는 천사가 하나님께 대항하다가 몰락했다고 설명함으로써 악의 기원을 밝힌다. 누가복음 본문의 사건이 일어나는 시점에 대해서는 학자들마다 다양한 의견을 낸다. 몇몇 학자는 예수가 예언자처럼 환상을 통해 미래에 일어날 사탄의 몰락을 보았고, 예수 자신이 하나님을 대신해서 최종적으로 사탄을 몰락시키는 사역을 해야 함을 인식했다고 해석한다.[24] 이와 달리 캐럴(J. T. Carroll)은 예수의 죽음과 부활 후에도 사탄의 영향력이 계속 존재해 온 것을 보면, 이 언급이 마지막 때에 이루어질 사건이라고 주장한다.[25] 피츠마이어(J. A. Fitzmyer)는 누가가 묵시론자가 아니기 때문에 사탄의 몰락 환상을 마지막 때에 일어날 일

---

im Breisgau: Verlag Herder GmbH & CO. KG, 1998]), 101, 104.

24 Ulrich B. Müller, "Vision und Botschaft: Erwa gungen zur prophetischen Struktur der Verku ndigung Jesu", *ZTK* 74, no. 4 (1977): 416-29; Simon J. Gathercole, "Jesus' eschatological vision of the fall of Satan: Luke 10,18 reconsidered", *ZNW* 94, no. 3-4 (2003): 143-63; George Eldon Ladd, *The Presence of the Future*, rev. ed. (Grand Rapids, Mich.: Eerdmans, 1974), 157.

25 Carroll, *Luke*, 239.

로 보는 것을 반대한다.[26] 에드워즈(J. R. Edwards)는 70인(또는 72인)의 선교 기간에 일어날 일이라고 본다.[27]

하지만 누가는 '떨어지다(πίπτω)'라는 동사를 '시점'보다는 떨어지는 '동작'에 초점을 맞추기 위해 부정과거 분사를 사용한 것 같다.[28] 그러므로 이 본문의 맥락에서는 제자들의 사역이 사탄을 하늘로부터 떨어지게 한다는 효력을 상징적으로 표현하는 것이다.[29] 다시 말해, 하나님의 사역이 진행될 때, 이러한 일이 일어난다는 뜻이다.

요한 문헌에서 사탄은 그를 추종하는 무리와 활동하지만 결국은 다 내쫓기고 만다(요 12:31; 14:30; 16:11; 계 20:7, 10).

하늘에 전쟁이 있으니 미가엘과 그의 사자들이 용과 더불어 싸울새 용과 그의 사자들도 싸우나 이기지 못하여 다시 하늘에서 그들이 있을 곳을 얻지 못한지라 큰 용이 내쫓기니 옛 뱀 곧 마귀라고도 하고 사탄이라고도 하며 온 천하를 꾀는 자라 그가 땅으로 내쫓기니 그의

---

26 조셉 A. 피츠마이어, 『앵커바이블 누가복음 II』, 우성훈 역 (서울: 기독교문서선교회, 2015[Joseph A. Fitzmyer, *The Gospel According to Luke: X-XXIV*, AYB 28A, London: Yale University Press, 1985]), 1426.

27 제임스 에드워즈, 『누가복음』, 강대훈 역 (서울: 부흥과개혁사, 2019[James R. Edwards, *The Gospel According to Luke*, Pillar New Testament Commentary, Grand Rapids, Mich.; Cambridge: Eerdmans, 2015]), 425.

28 윌리엄 D. 마운스, 『마운스 헬라어 문법』, 조명훈, 김명일, 이충재 역 (서울: 복있는사람, 2017[William D. Mounce, *Basics of Biblical Greek Grammar*, 3rd ed., Nashville: Zondervan, 2009]), 413; Clinton L. Wahlen, *Jesus and the Impurity of Spirits in the Synoptic Gospels*, WUNT 2 (Tübingen: Mohr Siebeck, 2004), 157; 대럴 벅, 『누가복음 2』, 신지철 역 (서울: 부흥과개혁사, 2017[Darrell L. Bock, *Luke 9:51-24:53*, BECNT, Grand Rapids, MI: Baker Publishing Group, 1996]), 91.

29 피츠마이어, 『앵커바이블 누가복음 II』, 1422.

사자들도 그와 함께 내쫓기니라(계 12:7-9)

사탄의 몰락과 운명에 대한 모티브는 구약 위경뿐만 아니라 쿰란 문헌에도 나온다(1 En. 6장; 1QS 2:5; 1QM 1:1-15; 4:2; 11:8; 13:2; 15:3; 16:11; 18:1, 3; CD 2:17-18). 이 모티브는 앞에 나오는 누가복음 10:18과도 연결된다. 동일한 주제를 다루고 있으며, 그것이 요한계시록에서 성취되는 것으로 볼 수도 있기 때문이다.[30] 사탄은 완전히 몰락하기 전, 일시적으로 투옥된다(계 20:1-3; 1 En. 10:4-6, 12-13).

요한 문헌에서 다루는 사탄의 주요 모습은 쿰란 문헌과 상당히 유사하다.[31] 쿰란 문헌은 요한 문헌과 같이 세상의 통치자, 악의 원인, 하나님의 심판이라는 내용에 집중한다. 사탄은 세상을 지배하고(1QS 1:17-18, 23; 2:19; CD 4:12-19), 통치한다(1QS 3:21-23; 1QM 14:9).[32] 또한 사람의 마음에 침투할 수 있다(1QS 10:21; CD 5:17-19). 그러나 결국 사탄은 하나님의 심판을 받고, 하나님께서 승리자가 된다(1QS 4:12; 1QM 13:14-18; 18:1, 3; CD 8:2; 19:14).

쿰란 문헌이 이 내용에 집중한 것은 자신들의 반대에 있는 악의 세력인 사탄이 언젠가는 패망할 것이라는 기대를 가지고 있었기 때문이었다. 요한 문헌은 이러한 쿰란 문헌의 묵시적 사고

30　로버트 마운스, 『요한계시록』, 장규성 역 (서울: 부흥과개혁사, 2019[Robert H. Mounce, *The Book of Revelation*, rev. ed., NICNT, Grand Rapids, MI: Eerdmans, 1997]), 307.
31　쿰란 문헌과 요한 문헌의 유사점은 다음을 참고하라. James H. Charlesworth, ed., *John and Qumran* (London: Geoffrey Chapman, 1972); 레디쉬도 요한복음과 쿰란 문헌 사이의 유사한 이원론을 언급한다. Reddish, *Apocalyptic Literature*, 225.
32　Forsyth, *The Old Enemy*, 316.

에 큰 영향을 받았다.³³ 유사한 상황을 겪고 있었던 것이다. 요한복음과 요한계시록은 1세기 후반에 작성된 문헌으로 알려져 있는데, 이 시기는 그리스도인들이 유대교에 의해 추방을 당하던 때였다. 초기 랍비 유대교는 영향력이 작았던 기독교의 움직임이 활발해지면서 그들을 주목하기 시작했다. 곤잘레스(Justo L. González)는 주후 1세기 당시 유대교가 기독교를 이단으로 생각했다고 설명한다. 유대교는 이단인 기독교인들로 말미암아 하나님의 진노가 다시 임할 것을 두려워해서 그들을 박해했다.³⁴

또한 이 시기는 영지주의자들의 거짓된 가르침이 성행하고 있을 때였다. 그리고 도미티아누스 황제의 기독교 박해와 로마의 신들 숭배와 황제 숭배, 그리고 헬레니즘이나 로마와의 문화 충돌은 기독교인들의 정체성을 흔들어 놓았다.³⁵ 그들은 신앙을 지켜야만 했고, 또한 고난을 감내해야만 했다. 그래서 적대 세력인 유대인, 로마, 거짓 교사들의 패배를 요한 문헌은 기대하고 있었다. 그러한 이유로 사탄과 묵시적 사고의 연결이 가장 잘 드러났던 쿰란 문헌의 주요 내용을 받아들였다.

중간기 유대 문헌에서부터 사탄은 고난의 원인으로 이해되었다. 그래서 그의 몰락은 위기를 겪고 있던 유대인들과 초기 기독교인들에게 희망의 근거가 되었다. 유사한 맥락으로 교부들에게

33　Reddish, *Apocalyptic Literature*, 230.
34　곤잘레스, 『초대교회사』, 60-1.
35　마르틴 에브너, 슈테판 슈라이버, 『신약성경 개론』, 신학 텍스트 총서 1.5, 이종한 역 (서울: 분도출판사, 2013[Martin Ebner and Stefan Schreiber, *Einleitung in das Neue Testament*, Stuttgart: W. Kohlhammer GmbH, 2008]), 874-87.

도 수용되고 있었다. 순교자 유스티누스는 예수가 사탄을 몰락시킨 것을 언급한다.[36]

> … 내가 앞서 말한 대로 그가 사람이 되셨을 때, 곧 뱀이라고도 하고 사탄이라고도 불리는 그 능력인 악마(Devil)가 그에게 나아와 그를 시험하고, 그에게 경배하기를 요구하여 그를 파멸시키려고 애썼다. 그러나 그(악마)는 하나님의 뜻을 거역하는 자로, 성경에서 말하는 것과 달리 하나님으로부터 경배를 요구했기 때문에, 그(예수)는 악마를 멸하고, 전복시킴으로써 그(악마)가 악하다는 것을 증명했다.(Dial. 125)

테르툴리아누스(Quintus Septimius Florens Tertullianus, 155년경 - 240년경)는 '마르시온에 대항하여(Against Marcion)'에서 사탄이 하늘에서 멸망당한 존재임을 언급한다(Marc. 2.10).[37] 오리게네스(Origen of Alexandria, 185년경-254년경)는 스가랴 3장의 사탄과 욥기의 사탄을 마귀로 부르고, 마귀가 그의 행동으로 인해 벌을 받게 되는 이야기가 구약성경이라고 설명한다(Princ. 3.2.1). 오리게네스는 예수의 성육신 사건을 매우 중요하게 여겼고, 성육신의 핵심은 마귀의 권세를 멸하고 인간을 자유롭게 하는 것이라고 생각했다.[38] 그 관점에서 구약을 읽었기 때문에 마귀의 권세를 멸하는 일들이 이미 구약성경에서

---

36 Schaff, *Ante-Nicene Fathers*, 1:262.
37 Schaff, *Ante-Nicene Fathers*, 3:306.
38 후스토 L. 곤잘레스, 『기독교 사상사 1』, 이형기, 차종순 역 (서울: 한국장로교출판사, 1988[Justo L. González, *A History of Christian Thought* 1, Nashville, TN: Abingdon Press, 1970]), 269-70.

부터 진행되고 있었다는 서술이 가능했던 것이다.

초대 교부들은 구약성경에서 중간기를 지나 신약성경으로 이어지는 문헌에 나오는 호칭들을 사용해서 사탄을 악마의 우두머리,[39] 마귀, 악마, 뱀, 용, 벨리알 등 다양한 용어로 부른다.[40] 이전 문헌에는 없었던 '사탄의 종들'이라는 용어도 사용하는데, 이는 이단들과 관련이 있다. 샤프(P. Schaff)는 교부들이 이단을 '교리에 반대되는 그릇된 교훈'이라고 정의했다고 본다. 여기에서 교리는 교회가 공포한 보편적 교의다. 사도들로부터 이어진 초대 교회의 교리는 예수를 계시된 구원의 진리로 선포한다. 그렇기에 니케아 공의회 이전의 교부들 사이에서 이단으로 정죄받았던 영지주의자들을 사탄의 종들이라고 부르며 혐오하는 것은 자연스러운 표현이었다.[41]

(4) 악의 원인

사탄이 예수를 시험하는 내용 중에 눈여겨볼 만한 부분이 누가복음에 나온다.

---

39 테르툴리아누스는 그의 책 '변증(Apology)'에서 사탄을 악마의 우두머리라고 부른다(*Apol.* 22).
40 유스티누스의 *1 Apol.* 28; Dial. 103; 테오필루스의 *Autol.* 2.28, *Origen De Principiis* 1.5; 페타우의 빅토리누스(Victorinus of Pettau (Poetovio), 230-304년)의 *Commentary on the Apocalypse of the Blessed John* 20.1-3.
41 필립 샤프, 『교회사전집 2: 니케아 이전의 기독교』, 이길상 역 (고양: 크리스챤다이제스트, 2004[Philip Schaff, *History of the Christian Church 2: Ante-Nicene Christianity*, 2nd ed., New York: C. Scribner's Sons, 1883]), 476-8.

마귀가 또 예수를 이끌고 올라가서 순식간에 천하 만국을 보이며 이르되 이 모든 권위와 그 영광을 내가 네게 주리라 이것은 내게 넘겨준 것이므로 내가 원하는 자에게 주노라(눅 4:5-6)

이 본문에 의하면 마귀는 누군가로부터 권위와 영광을 부여받았고, 그것을 누군가에게 줄 수도 있는 것처럼 보인다. 러드먼은 이 내용이 욥기의 사탄과 연결되어 있다고 주장한다.[42] 욥기에서 사탄은 하나님으로부터 욥에게 생명을 해하는 것을 제외한 다른 고난을 행할 수 있는 권위를 부여받았다(욥 1:12). 누가는 욥기 본문을 확대 해석하여 인간이 겪는 일 이면에 사탄이 있다고 인식한 것 같다.[43] 그래서 사탄이 인간을 시험하고, 인간을 통해 악을 행하는 내용이 누가복음에 두드러지게 나타난다(눅 22:3, 31; 참조, 행 5:3). 이런 사탄의 모습은 구약 위경에서 바울서신까지 이어지던 이해다.

공관복음에 모두 나오는 씨 뿌리는 자의 비유는 구약 위경의 희년서를 떠올리게 한다.

아무나 천국 말씀을 듣고 깨닫지 못할 때는 악한 자가(ὁ πονηρός) 와서 그 마음에 뿌려진 것을 빼앗나니 이는 곧 길가에 뿌려진 자요(마 13:19) 말씀이 길가에 뿌려졌다는 것은 이들을 가리킴이니 곧 말씀을 들었

---

[42] Dominic Rudman, "Authority and Right of Disposal in Luke 4,6", *NTS* 50, no. 1 (2004): 77-86; Rudman, "Zechariah and the Satan Tradition in the Hebrew Bible", 204.
[43] Carroll, *Luke*, 103.

을 때에 사탄이(ὁ σατανᾶς) 즉시 와서 그들에게 뿌려진 말씀을 빼앗는 것이요(막 4:15)

길가에 있다는 것은 말씀을 들은 자니 이에 마귀가(ὁ διάβολος) 가서 그들이 믿어 구원을 얻지 못하게 하려고 말씀을 그 마음에서 빼앗는 것이요(눅 8:12)

희년서에서는 마스테마가 땅을 황폐하게 할 목적으로 새들이 씨를 먹게 한다(Jub. 11:11). 그러나 공관복음에서 씨는 하나님 나라의 메시지이며, 예수의 가르침이다. 악한 자이자 마귀인 사탄은 인간이 예수의 가르침을 통해 열매를 맺는 것을 하지 못하게 막는다. 공관복음에서는 예수의 가르침을 받지 못하게 하는 것을 사탄의 영향이라고 본다. 마태복음은 가라지 비유에서 이를 더 확실하게 표현한다(마 13:38-39).

누가복음의 또 다른 본문에서는 질병의 원인에 사탄을 둔다.[44]

그러면 열여덟 해 동안 사탄에게 매인 바 된 이 아브라함의 딸을 안식일에 이 매임에서 푸는 것이 합당하지 아니하냐(눅 13:16)

벅(D. L. Bock)은 누가가 예수의 치유 이야기를 소개함으로써 사탄

---

44 악마와 질병과의 연관성에 대한 자세한 설명은 다음을 참고하라. Siam Bhayro and Catherine Rider, eds., *Demons and Illness from Antiquity to the Early-Modern Period*, Magical and Religious Literature of Late Antiquity 5 (Leiden; Boston: Brill, 2017).

의 매임에서부터 자유를 주는 절대적 권위를 드러내는 '통치 이적'을 강조하려 했다고 설명한다. 또한 누가복음은 예수가 사탄보다 강하고, 사탄을 제압할 수 있는 능력이 있다는 것에 강조점이 있다고 주장한다.[45]

이레네우스(Irenaeus of Lyon, 130-202년경)는 '이단에 반대하여(Against Heresies)'에서 신앙에 영향을 주는 사탄을 언급한다.

> … 그러므로 그(사탄)는 그(사람)를 창조주가 주신 은혜를 더 모르게 만들고, 하나님이 인간에게 베푸신 사랑을 가리고, 하나님이 마땅히 받으셔야 할 것이 무엇인지 인식하지 못하게 하고, 자신을 하나님과 비교하여 자신이 하나님과 동등하다고 판단하도록 그의 마음을 눈멀게 했다.(Adv. Haer. 20.1)

이 내용은 영지주의를 성경적으로 반박하는 주제를 담은 3권에 포함되어 있다.[46] 이레네우스는 당시 영지주의가 창조 교리를 잘못 이해하고 있었다고 생각했기에 이를 올바르게 설명하는 일에 관심이 많았다. 특히 그는 아담을 하나님과 긴밀한 관계를 맺을 때까지 지속적인 성장을 이루어야 하는 피조물로 이해했다. 하지만 성장은 인간 스스로 노력한다고 이룰 수 있는 것이 아니라, 하나님의 계속적인 창조의 일부분이었다. 그런데 사탄은 하

---

45 벅, 『누가복음 2』, 202, 389.
46 곤잘레스, 『기독교 사상사 1』, 195.

나님의 이 질서를 뒤집고 아담을 성급히 성장시키기 위해 인간을 유혹했다. 아담의 타락 이후, 사탄은 하나님의 계획을 뒤집는 것을 넘어서서 좌초시키려고 노력하였다. 그래서 이레네우스가 이해한 타락은 하나님의 형상을 닮아 가기까지 성장해야 하는 하나님의 계획이 사탄에 의해 저해되는 것을 의미했다.[47]

안디옥의 테오필루스(Theophilus of Antioch, ? - 183/185)는 '아우토리쿠스에게(To Autolycus)'에서 가인이 아벨을 죽이도록 시킨 배후에 사탄이 있다고 말한다.

> … 사탄이 아담과 그의 아내가 아직 살아 있을 뿐만 아니라 자식까지 낳은 것을 보고, 그들을 죽이는 데 성공하지 못하여 악의에 사로잡혔을 때, 아벨이 하나님을 기쁘시게 하는 것을 보고 가인이라는 형의 마음에 작용하여 동생 아벨을 죽이게 했다.(*Autol.* 2.29)

또한 테르툴리아누스는 '마르시온에 대항하여'에서 이스라엘에 대항하기 위해 에돔 사람들을 일으킨 배후에 사탄이 있다고 설명한다(*Marc.* 3.20). 오리게네스도 신약성경을 설명하면서 인간이 죄의 길을 가게 만드는 이면에 사탄과 마귀가 있음을 언급한다(*Princ.* 3.2.1).

---

47 곤잘레스, 『기독교 사상사 1』, 199-201.

(5) 통치자

요한 문헌은 사탄이 세상을 다스리고 있다는 것을 인정하면서 '이 세상의 임금(ὁ ἄρχων τοῦ κόσμου)'이라고 부른다(요 12:31; 14:30; 16:11).[48]

네가 어디에 사는지를 내가 아노니 거기는 사탄의 권좌가 있는 데라 네가 내 이름을 굳게 잡아서 내 충성된 증인 안디바가 너희 가운데 곧 사탄이 사는 곳에서 죽임을 당할 때에도 나를 믿는 믿음을 저버리지 아니하였도다(계 2:13)

요한 문헌은 사탄의 통치로 인해 이 세상이 죄에 빠지게 되었다고 본다. 그러나 예수가 죄의 문제를 해결하면, 사탄의 통치도 막을 내린다는 것이 요한 문헌의 중심 주제 중 하나다.

요한 문헌의 주요 요지처럼 초대 교부들도 사탄을 이 세상의 통치자로 본다. 안디옥의 이그나티우스도 그의 서신 여러 곳에서 사탄을 '이 세상의 주관자/왕자'라고 자주 언급한다(Ign. *Eph.* 19; Ign. *Magn.* 1; Ign. *Trall.* 4).

그러므로 너희들은 이 세상의 주관자의 교리의 악취로 기름 부음을

---

48 James H. Charlesworth, "Lady Wisdom and Johannine Christology", in *Light in a Spotless Mirror: Reflections on Wisdom Traditions in Judaism and Early Christianity*, eds. James H. Charlesworth and Michael A. Daise, Faith and Scholarship Colloquies (Harrisburg; London; New York: Trinity Press International, 2003), 127; Wray and Mobley, *The Birth of Satan*, 125.

받지 말아라. 그가 너희 앞에 있는 생명에서 사로잡아가지 못하게 하라.(Ign. *Eph.* 17)

알렉산드리아에 사는 익명의 사람이 주후 130년경 작성한 '바나바의 서신(Epistle of Barnabas)'에서는 유대인들의 희생 제의가 사라진 상황에서 어떤 방법으로 하나님께 다가가야 하는지 권면하면서 세상을 주관하고 있는 사탄을 언급한다.

그러므로 날은 악하고, 사탄은 이 세상의 힘을 가지고 있으니, 우리는 스스로에게 주의를 주고, 주의 법도를 부지런히 물어야 한다.(*Epistle of Barnabas* 2)

초대 교부들은 요한 문헌과 동일하게, 세상을 통치하고 있는 사탄 때문에 죄가 세상에 들어왔고, 자신들이 핍박을 받는 신앙의 위기에 처했다고 생각했다. 더 나아가서 사탄의 통치는 사람들 마음속에 침투하여 신앙을 흔들리게 하고, 사탄이 악한 일의 배후에 있다고 이해할 수 있었던 것도 같은 맥락에서였다.

2) 유대 문헌의 사탄 수용

성전과 토라는 유대인들의 정체성을 형성하는 두 축이었다. 그러나 주후 70년 예루살렘 성전의 파괴로 인해 토라만 남게 되었다. 초기 기독교가 탄생하던 그 시기에 랍비들은 초기 기독교인들과는 달리 토라를 통해 유대교의 정체성을 재정립하려고 노력하였다. 랍비 유대교에는 미쉬나(Mishnah), 토세프타(Tosefta),[1] 바라이타(Baraita),[2] 게마라(Gemara),[3] 미드라쉬(Midrash), 탈무드(Talmud)와 같은 다양한 문헌이 있다. 그러나 신약성경의 집필 시기와 맞물리는 랍비 유대교의 초기 문헌에는 사탄이라는 단어가 나오지 않는다. 다만, 초기 문헌 중 하나인 미쉬나에는 중간기 유대 문헌에서 사탄을 지칭할 때 사용했던 단어 중 몇 개가 등장하지만(벨리알[m. Šeb. 10:3; m. Sanh. 10:4], 아자젤[m. Yoma 4:1; 6:1]) 모두 인격적인 모습의 사탄을 다루지 않는다. 랍비 문헌들에 나오는 악마를 연구한 리그(G. Reeg)도 주후 4세기까지 초기 랍비 문헌에서는 사탄을 거의 언급하지 않는다고 밝힌 바 있다. 그는 랍비 문헌에 나오는 사탄을 세 가지 기능적인 측면으로 나눈다. ① 모든 랍비 문학에 공통적으

---

1 서력기원-주후 220년에 활동한 랍비들인 탄나임이 만든 논점과 해설 모음집으로 미쉬나와 연관되어 있다. R. C. 무사프-안드리세, 『간추린 유대 문헌』, 우리말씀연구소 역 (서울: 기독교문서선교회, 2019[R. C. Musaph-Andriesse, *From Torah to Kabbalah: A Basic Introduction to the Writings of Judaism*, trans. John Bowden, Norwich: SCM Press, 1981]), 55.
2 미쉬나 본문에는 나오지 않는 탄나임의 견해이며, 바빌론 탈무드가 이 문헌을 참고한 것으로 알려져 있다. 무사프-안드리세, 『간추린 유대 문헌』, 58.
3 '가르침'이라는 의미를 가진 게마라는 미쉬나에 대한 주석이다. 무사프-안드리세, 『간추린 유대 문헌』, 59.

로 나타나는 고발자, ② 바빌론 탈무드와 탄후마(Tanhuma)에만 나오는 유혹자, ③ 바빌론 탈무드에서만 볼 수 있는 죽음의 천사.[4]

본서에서는 랍비 문학 전체를 다루지는 않고, 탄나임과 아모라임 시기의[5] 초기 랍비 유대교 문헌 중에 미드라쉬 랍바와 탈무드를 살펴볼 것이다. 두 문헌은 신약성경이 만들어진 후에 완성되었지만, 신약성경의 해석에 큰 영향을 받은 초대 교부들과 연관된 초기 기독교의 사상과 비교 연구가 가능한 자료들이다.

(1) 미드라쉬 랍바[6]

미드라쉬는 '조사하다, 해석하다, 설명하다'라는 의미의 히브리어 다라쉬(שרד)에서 파생된 단어로, 타낙, 미쉬나, 탈무드의 구절을 해석하고 설명한다. 랍비들의 글에서 다라쉬는 주로 토라를 연구하는 것과 관련 있다. 세상과 하나님을 연결하는 토라를 연구하여 그것이 작성된 이유와 목적을 발견하고, 실현하는 것이 랍비들의 임무였다. 그들은 여러 랍비를 통해 이루어지는 해석의 가능성을 진지하게 받아들였다.[7] 미드라쉬에서 율법에 대

4　Gottfried Reeg, "The Devil in Rabbinic Literature", in *Evil and the Devil*, eds. Ida Fröhlich and Erkki Koskenniemi, LNTS 481 (London; Newdelhi; New York; Sydney: Bloomsbury, 2013), 71-83.
5　소페림(Soferim): 주전 200-서력기원, 탄나임(Tannaim): 서력기원-주후 220년, 아모라임(Amoraim): 주후 220년-500년, 사보라임(Saboraim): 주후 500년-650년, 게오님(Geonim): 주후 650년-1050년. 무사프-안드리세, 『간추린 유대 문헌』, 77.
6　본문은 다음을 참고하였다. H. Freedman and Maurice Simon, eds., *Midrash Rabbah*, 3rd ed., 10 vols. (New York; London: Soncino Press, 1983).
7　Gary G. Porton, "Midrash", *ABD* 4 (New York: Doubleday, 1992), 820.

한 해석과 설명은 미드라쉬 할라카(הלכה)로,[8] 성경 밖의 격언, 전설, 잘 알려진 이야기는 미드라쉬 악가다(אגדה)로 구분한다.[9] 이 연구에서 다룰 미드라쉬 랍바는 악가다 문헌 모음집에 들어 있다.[10] 악가다 문헌 모음집은 토라 다섯 권과[11] 메길로트[12]로 구성되어 있다. 이 외에도 미드라쉬 모음집은 라브 카하나의 페시크타(Pesiqta de Rab Kahana), 탄후마 등이 있다. 악가다 문헌 모음집에 있는 거의 모든 미드라쉬 랍바에서는 사탄을 언급한다.[13] 여기에서는 그중에 가장 초기(주후 5세기 초) 문헌인 베레쉬트(창세기) 랍바, 바이크라(레위기) 랍바를 다루려고 한다. 이 문헌에 등장하는 랍비들은 대부분 주후 2-3세기에 활동한 탄나임으로,[14] 니케아 공의회 이전

8   모세오경에 대한 해석 미드라쉬인 미드라쉬 할라카에는 출애굽기 주해서(메킬타), 레위기 주해서(시프라), 민수기 주해서(시프레 또는 시프레 주타), 신명기 주해서(미드라쉬 탄나임)가 있다. 창세기는 종교법에 의해 주해가 불가능해서 제외된 것으로 알려져 있다. 권터 스템베르거, 『미드라쉬 입문』, 유다 · 그리스도교 고전 입문 총서 III-2, 이수민 역 (서울: 바오로딸, 2008[Günter Stemberger, *Midrash: Vom Umgang der Rabbinen mit der Bibel*, München: C. H. Beck, 2008]), 46-7.
9   무사프-안드리세, 『간추린 유대 문헌』, 81-2; 포튼(Gary G. Porton)은 할라카에도 비법적 자료가 있고, 악가다에도 법적 자료가 있기 때문에 확실한 구분은 어렵다고 말한다. Porton, "Midrash", 820.
10 홍국평은 미드라쉬 악가다는 랍비들이 의미 산출 과정에 참여하는 독자의 역할을 하는 읽기라고 본다. 또한 본문에서 일어난 "문법적 특이성, 모호성, 다의성과 같은 '틈새(gap)'가 발생했을 때, 정경 본문(written law)과 권위 있는 해석 전통이 모인 기억의 하이퍼텍스트 공간(oral law)에서 유대인 종교 지식인(랍비)들이 벌이는 지적 유희의 산물"이라고 설명한다. 홍국평, "미드라쉬 악가다: 기억의 하이퍼텍스트 공간에서 펼쳐지는 랍비들의 유희", 『신학논단』 78 (2014).
11 베레쉬트 랍바(Bereshith Rabbah), 쉐모트 랍바(Shemoth Rabbah), 바이크라 랍바(Wayyiqra Rabbah), 베미드바르 랍바(Bemidbar Rabbah), 데바림 랍바(Debarim Rabbah).
12 룻 랍바(Ruth Rabbah), 에스더 랍바(Esther Rabbah), 쉬르 하쉬림 랍바(Shir haShirim Rabbah), 코헬렛 랍바(Qoheleth Rabbah), 에카 랍바(Ekah Rabbah).
13 베레쉬트(창세기) 랍바 5절, 쉐모트(출애굽기) 8절, 바이크라 랍바(레위기) 2절, 베미드바르(민수기) 6절, 드바림(신명기) 3절, 룻기 1절, 에스더 1절, 쉬르 하쉬림 2절, 코헬렛 2절.
14 Moshe David Herr and Stephen G. Wald, "Genesis Rabbah", *EncJud* 7, 2nd ed. (Detroit; New York; San Francisco; New Haven, Conn.; Waterville, Maine; London: Thomson Gale, 2007), 448-9; H. L. Strack and Günter Stemberger, *Introduction to the Talmud and*

초대 교부들의 활동 시대와 맞물리기 때문에 초기 기독교와 초기 랍비 유대교의 사탄 수용의 양상을 비교하는 데 유용하다.

미드라쉬 랍바에는 중간기 유대 문헌의 감시자들의 책과 관련된 내용(특별히, 창세기 6:1-4)이 나오지 않는다. 오히려 랍비들은 창세기 6:1-4을 해석하며 누군가를 '하나님의 아들들'로 언급하는 것에 대해서 매우 반대했던 것 같다.

> 랍비 시므온(R. Simeon b. Yohai)은 그들을 귀족들의 아들들이라고 불렀다. 랍비 시므온은 그들을 하나님의 아들들이라고 부르는 모든 사람들을 저주했다.(Gen. Rab. 26:4-5)

랍비들은 이전 세대의 유대 문헌들이 감시자들의 타락 모티브로 '하나님의 아들들'을 사탄과 연관 짓는 것을 알고 있었기에 감시자들과 관련된 존재들이 하나님의 아들들로 불리는 것을 거절했던 것 같다. 나아가서, 초기 기독교와 달리 중간기 유대 문헌에 자주 나타났던 감시자들의 타락 모티브를 랍비들은 수용하지 않았던 것으로 보인다.

창세기 랍바에는 사탄이 여러 번 언급된다. 사람들이 시날 평지에서 거주하기를 시작했다며(창 11:2) 바벨탑 사건이 나오는데

Midrash, trans. Markus Bockmuehl, 2nd ed.(Minneapolis: Fortress Press, 1996[*Einleitung in Talmud und Midrasch*, 7. Aufl., München: C. H. Beck, 1982]), 279; 스템베르거, 『미드라쉬 입문』, 53; Herbert Danby, *The Mishnah: Translated from the Hebrew, with Introduction and Brief Explanatory Notes* (Oxford: Oxford University Press, 1933), 800.

이를 창세기 랍바는 사탄의 분노와 비난이 시작되었다고 기술한다(Gen. Rab. 38:7). 랍비 이삭(R. Isaac)은 사람들이 거주해서 평온한 삶을 살아가는 것이 사탄의 분노를 불러일으킨다고 설명한다. 랍비 헬보(R. Helbo)는 사람들의 만족감을 방해하기 위해서 사탄이 사람들을 비난한다고 말한다. 랍비들은 사탄을 사람들의 평온한 일상에 대해서 분노하는 방해자로 표현한다.[15] 이와 유사하게, 창세기 37:1을 해석할 때도 의인이 평온하게 살기를 원할 때 사탄이 의인을 하나님께 고발한다고 말한다(Gen. Rab. 84: 3).

창세기 랍바에는 다른 곳에서 볼 수 없는 특별한 내용이 나온다. 랍비 하니나(R. Hanina, son of R. Adda)는 사탄을 이브와 함께 창조된 하나님의 피조물이라고 한다.[16]

… 그러나 곧 그녀는 [이브] 창조되었다, 사탄은 그녀와 함께 창조되었다.(Gen. Rab. 17:6)

이 구절은 허타도(L. W. Hurtado)가 언급한 유일신론으로, 고대 유대인들이 생각했던 하나님의 보편적 주권이 강조된 표현일 수도

---

15 Reeg, "The Devil in Rabbinic Literature", 77-8.
16 창세기 랍바 7:5에도 '창조된 악마의 영(הַשֵּׁדִים)' 이야기가 나온다. 또한 랍비 피느하스(R. Phinehas)도 사탄에 대한 호칭을 쓰지는 않았지만, 비슷한 내용의 이야기를 한다. 그는 여섯째 날 아담, 이브와 함께 창조된 피조물들을 언급하는데, 그중에 마지막 피조물이 악마와 관련이 있다고 한다(11:9). 랍비 프리드만은 마지막 단어(מְרִיאִם)를 '악마'로 번역한다. 이 단어는 일반적으로 '짐승, 가축'으로 번역된다. 하지만 이 단어는 랍비 히브리어에서는 원형 'מרא'의 수동 분사형과 형태가 같다. 그렇다면 '배반하다'와 관련이 있는 단어다. Mario de Cal asio and William Romaine, *Concordantiae sacrorum Bibliorum Hebraicorum 2* (Londini: Apud Jacobum Hodges, 1747), 1212.

있다. (여기서 보편적 주권이란 선과 악이 일어나는 원인을 오직 '하나님'께만 두는 것을 의미한다. 후에 초기 기독교인들은 악의 원인을 하나님에게서부터 '사탄'으로 차차 옮겨 갔다.) 그는 하나님의 보편적 주권은 만물뿐만 아니라, 악한 세력까지도 창조하고 다스리는 하나님을 설명할 수 있다고 보았다.[17] 또 다른 본문에서는 밀가와 나홀 사이에서 태어난 맏아들의 이름이 '우스'라고 하면서(창 22:21), 욥과의 관련성을 가지고 해석한다. 우스는 욥의 고향이었고, 또한 우스가 아브라함 시대에 언급되기 때문에 욥을 족장 시기에 부요하게 된 인물로 보는 것이다. 그 배경에서 욥을 비난하는 사탄이 등장한다(Gen. Rab. 57:4).

레위기 랍바에도 이런 기능을 하는 사탄이 나온다. 레위기 랍바에는 두 절에서 사탄이 등장하는데, 레위기 16:3에서 아론이 성소에 들어가는 구절을 주석하는 내용이다.

태양계에는 365일이 있다. 사탄의 수치는 364다.[18] 이것은 사탄이 일 년 중 모든 날 동안 비난을 제기하지만, 그가 속죄의 날에는 어떠한 비난도 제기하지 않는다는 사실을 암시한다.(Lev. Rab. 21:4)

이 본문에서는 레위기 16:3을 새해와 속죄의 날에 관련지어 설

---

17 L. W. Hurtado, "First-Century Jewish Monotheism", *JSNT* 21, no. 71 (1999): 12-3; 래리 허타도, 『주 예수 그리스도』, 박규태 역 (서울: 새물결플러스, 2010[Larry W. Hurtado, *Lord Jesus Christ: Devotion to Jesus in Earliest Christianity*, Grand Rapids, Mich.: Eerdmans, 2003]), 96.

18 364라는 숫자가 나오는 것은 '하사탄'의 각각의 자음이 의미하는 히브리어 숫자를 더한 결과다. השטן = 5 + 300 + 9 + 50 = 364. *Midrash Rabbah: Leviticus*, trans. J. Israelstam and Judah J. Slotki, 3rd ed. (London; New York: Soncino Press, 1983), 268, n. 4.

명한다. 새해 또는 속죄의 날에 사탄이 아론을 성소에 들어가지 못하도록 우상 숭배자, 성적으로 부도덕한 자로 몰아서 그를 고발하려고 한다. 그러나 속죄의 날은 사탄이 고발할 수 없는 날이기 때문에 아론이 성소에 들어갈 수 있다고 설명하고 있다. 또 다른 본문에서도 레위기 16:3을 설명할 때, 사탄을 등장시킨다.

> 어떤 이유로 대제사장이 황금색 옷을 입고 들어가지 않았는가? 왜냐하면 고발자는 방어를 할 수 없기 때문이다. 사탄에게 비난을 제기하고 다음과 같이 말할 기회를 주지 않기 위해서다. "이전 날 그들은 스스로 금의 신을 만들었고, 오늘날 그들은 금의 옷을 입고 직무를 수행하려고 한다!" (Lev. Rab. 21:10)

이 본문에서도 사탄이 고발하는 내용이 우상 숭배와 관련이 있다. 대제사장이 우상과 관련된 금으로 인해 고발당하지 않으려고 황금색 옷을 입지 않았다고 설명한다. 이와 같이 레위기 랍바에서 사탄은 창세기 랍바와 같이 고발자로만 나타난다.

(2) 탈무드

탈무드는 학업(study) 또는 학습(learning)을 의미한다.[19] 탈무드는 미쉬나와 게마라(설명)로 이루어져 있고, 미쉬나에 대한 주석, 토

---

19 Gary G. Porton, "Talmud", *ABD* 6 (New York: Doubleday, 1992), 310.

론, 보충 자료, 논평의 모음집이다.[20] 미쉬나는 히브리어로 세데르(seder)라고 부르는 여섯 부분으로 구성되어 있다. 이는 마세켓(masseket)이라고 부르는 63개의 소책자(tractate)로 나뉜다. 또한 마세켓은 525장의 페레크(pereq)로 나뉘고, 각 장은 4,187개의 단락으로 나뉜다.[21]

탈무드는 바빌론 탈무드와 예루살렘 탈무드라고 부르는 팔레스타인 탈무드가 있다. 바빌론 탈무드는 예루살렘 탈무드보다 거의 두 배 가까이 분량이 많고, 두 탈무드가 다루는 미쉬나에도 차이가 있다.[22] 바빌론 탈무드는 예루살렘 탈무드에 비해 더 정교하게 작성되었으며, 권위를 더 인정받았다. 서정민은 두 탈무드의 작성 당시 정치적, 종교적 상황을 연구하면서, 그는 짧은 시간에 작성된 예루살렘 탈무드에 비해, 바빌론 탈무드는 긴 시간에 걸쳐 작성되었기 때문에 완성도가 더욱 높다고 설명한다. 또한 팔레스타인에 거주하던 랍비들은 로마에 의한 박해와 탄압, 폭동 등으로 인해 안정적인 환경에서 탈무드를 작업할 수 없었다. 그래서 일부 랍비들은 바빌론으로 이주를 하기도 했다. 반면 바빌론의 랍비들은 페르시아 통치하에서 안정적인 환경에서 지낼 수 있었다. 이런 환경은 이주해 온 랍비들이 가져온 예루살렘 탈무드가 바빌론에서 문학적 보완이 이루어지는 것을 가능하게 했

---

20 무사프-안드리세, 『간추린 유대 문헌』, 65; '우리의 미쉬나'라는 의미로 예루살렘 탈무드는 '마트니타(matnita)'로, 바빌론 탈무드는 '미쉬나테누(mishnatenu)'라고도 불린다. 무사프-안드리세, 『간추린 유대 문헌』, 47.
21 무사프-안드리세, 『간추린 유대 문헌』, 47-54.
22 두 탈무드의 차이는 다음을 참고하라. Herr and Wald, "Genesis Rabbah", 472-3.

다. 그리고 팔레스타인에서는 로마에 의해 기독교가 공인되면서 유대교는 소수 종파로 전락했고, 종교와 이념 등 많은 부분에서 로마와 충돌했다. 그러나 바빌론을 통치하던 페르시아는 종교를 차별하지 않았기 때문에 예루살렘보다 훨씬 더 안정적이었다.[23] 그래서 두 탈무드는 내용과 권위적인 면에서 차이가 날 수밖에 없었다.

① 예루살렘 탈무드

팔레스타인에는 루드(Lud, Lydda), 가이사랴(Caesarea), 세포리스(Sepphoris), 티베리아스(Tiberias)에 랍비들의 학교가 있었다. 그러나 기독교의 국교화 이후, 열등한 지위를 가지게 된 유대교는 주후 4세기경 랍비들의 가르침을 급하게 문헌으로 남기게 되었다. 이것이 주후 4세기 말-5세기 초에 완성된 예루살렘 탈무드다.[24] 예루살렘 탈무드는 63개의 소책자 중에 39개만 게마라(설명)가 있다.[25] 예루살렘 탈무드는 정리 방식이 간결하고, 내용이 짧고, 완성도가 높지 않았다.[26] 이는 급하게 탈무드를 완성해야만 했던 그들의 상황과 관련이 있다.

예루살렘 탈무드에서는 사탄이 드물게 언급된다. 베라콧과 샤밧 두 곳에만 나오고, 구약성경의 사탄과 유사한 기능을 한다. 그

---

23 서정민, "두 탈무드 탄생의 정치, 종교적 환경", 『중동연구』 28 (3, 2010): 197-220.
24 Strack and Stemberger, *Introduction to the Talmud and Midrash*, 169-70; 무사프-안드리세, 『간추린 유대 문헌』, 72.
25 무사프-안드리세, 『간추린 유대 문헌』, 68.
26 무사프-안드리세, 『간추린 유대 문헌』, 66-7.

중 베라콧에는 고발자 사탄이 등장한다.[27]

> 손을 씻고 나서 곧바로 축도를 하는 사람은, 그 식사 때 사탄이 비난할 만한 것을 찾지 못할 것이다. 구속을 말한 뒤에 곧 기도하는 사람은, 사탄이 종일 그를 고발할 만한 것을 찾지 못할 것이다.(y. Ber. 6a:1)

또 소책자 샤밧에도 고발자 사탄이 반복해서 나온다.[28]

> … 그러나 그는 출산을 하면서 여기에서 사탄은 위험이 있을 때에만 비난한다고 말했다. … 랍비 히야 바르 압바(Rebbi Hiyya bar Abba)는 적과 맞서 싸우면 모든 나쁜 일로부터 자신을 보호한다고 적혀 있다고 말했다. 그러므로 그가 외출하지 않으면 자신을 보호할 필요가 없다. 그러나 여기에서 사탄은 위험한 때에만 고발한다. 랍비 아하이 바르 야콥(Rebbi Ahai bar Jacob)은 "길에서 그에게 사고가 일어날지도 모른다고 쓰여 있다"[29]고 말했다. 그러므로 집에는 없다. 그러나 여기에서 사탄은 위험할 때만 고발한다. 랍비 비스나(Rebbi Bisna)는 랍비 리아(Rebbi Lia)의 이름으로 말했다. 기록되었듯이, "오늘은 환난과 징벌과 모욕의 날이라."[30] 그러므로 다른 날이 아니다. 그러나 여기에서 사탄은 위험한

---

27 본문은 다음을 참고하였다. Heinrich W. Guggenheimer, *The Jerusalem Talmud. First Order: Zeraïm. Tractate Berakhot*, SJ 18 (Berlin; New York: de Gruyter, 2000).
28 본문은 다음을 참고하였다. Heinrich W. Guggenheimer, *The Jerusalem Talmud. Second Order: Mo'ed. Tractates Šabbat and 'Eruvin*, SJ 68 (Berlin: de Gruyter, 2012).
29 창 42:38.
30 왕하 19:3; 사 37:3.

때에만 고발한다. 랍비 아이보 바르 나고리(Rebbi Ayvo bar Nagori)는 말했다. 기록되었듯이, "그가 심판받을 때 그는 유죄 판결을 받게 될 것이다. '그는 의롭게 될 것이다'라고 쓰여 있지 않지만 그가 심판받을 때 그는 유죄로 판결될 것이다."[31] 그러나 여기에서 사탄은 위험한 때에만 고발한다. 랍비 압바 바르 비나(Rebbi Abba bar Bina)는 판자가 다소 넓어도 한 지붕에서 다른 지붕으로 확장되면 그 위에서 걸을 수 없다고 말했다. 왜? (여기서부터) 사탄은 위험한 때에만 고발하기 때문이다. … 랍비 레위(Rebbi Levi)는 사탄이 보통 고발하는 세 가지는 혼자 길을 걷는 사람, 어두운 집에서 혼자 자는 사람, 바다에서 항해하는 사람이라고 말했다.(y. Šabb. 19b:2)

예루살렘 탈무드는 길에서 사고가 날 수도 있다는 내용과(창 42:38), 히스기야가 말했던 고난과 훈계의 날(왕하 19:3; 사 37:3), 심판을 받을 때에 죄인이 되어 나온다는 언급(시 109:7) 등 구약성경의 여러 본문을 인용하면서 그 내용들과 관련하여 위험한 때에만 고발하는 사탄을 등장시킨다. 이처럼 예루살렘 탈무드에서는 중간기에 발전한 인격화된 사탄의 모습은 전혀 나타나지 않고 구약성경의 고발자 개념이 이어지고 있다.

---

31 시 109:7.

② 바빌론 탈무드[32]

유대인들의 바빌론 거주는 예루살렘 멸망 후, 일부 유대인들이 포로로 끌려가면서 시작되었다. 페르시아의 왕 고레스가 유대인들에게 팔레스타인으로 돌아갈 수 있도록 허락했으나, 일부 유대인들은 바빌론에 남아 있었다. 그리고 로마 통치기에 로마의 핍박으로부터 벗어나 바빌론으로 이주한 유대인들도 상당수 있었다. 그 시기 바빌론에 있던 유대인들은 율법을 활발히 연구했고, 미쉬나를 가져온 탄나임들이 연구를 계속하여 바빌론 탈무드의 작업을 이어 갔다.[33]

유대인들의 정체성을 형성하는 두 개의 축은 성전과 토라였다. 하지만 한 축이었던 성전이 파괴된 후, 디아스포라 유대인들은 하나님이 모세를 통하여 주신 토라를 강조하며(b. Šabb. 89a:3-4), 토라를 올바르게 실천하는 것으로 자신들의 정체성을 세워 나갈 수밖에 없었다. 그래서 한스 큉(Hans Küng)은 신앙보다는 실천에 그들의 정체성이 담겨 있다고 말한다.[34] 예루살렘 탈무드보다는 적어도 한 세기 뒤에 완성된 이 문헌에는 사탄이 많이 등장한다.[35]

---

[32] 본문은 다음을 참고하였다. Michael L. Rodkinson, *New Edition of the Babylonian Talmud: Original Text Edited, Corrected, Forumalted, and Translated into English* (Boston: The Talmud Society, 1918); "Talmud Bavli", Sefaria: A Living Library of Jewish Texts, accessed Dec 08, 2020, https://www.sefaria.org/texts/Talmud.

[33] 무사프-안드리세, 『간추린 유대 문헌』, 73-4; 서정민, "두 탈무드 탄생의 정치, 종교적 환경", 205.

[34] 한스 큉, 『한스 큉의 유대교: 현 시대의 종교적 상황』, 이신건, 이응봉, 박영식 역 (서울: 시와진실, 2015[Hans Küng, *Das Judentum: Die religiöse Situation der Zeit*, Munich: Piper Verlag, 1991]), 213.

[35] 댄 콘셰르복(Dan Cohn-Sherbok)은 적어도 주후 500년경부터 편집이 시작되었고, 주후 6세기 어느 시점에 완성되었다고 본다. Dan Cohn-Sherbok, *Judaism: History, Belief, and Practice* (London; New York: Routledge, 2003), 131, 133; 최종 완성을 주후 8세기로 보는 학자도 있다.

그 모습은 구약성경과 예루살렘 탈무드에서처럼 고발자다.

> 랍비 이츠하크(Rabbi Yitzḥak)는 말했다. 왜 신년에 [나팔을]³⁶ 부는가? 자비로운 분이 말씀하신다. [나팔을] 불어라.³⁷ 게다가, 왜 길게 불고(tekia), 짧게 부는가(terua)? 자비로운 분이 말씀하신다. 나팔을 불어 기념하는 [날이다].³⁸ 왜 [회중이] 앉아 있는 동안에 길게 불고(tekia) 짧게 불고(terua), 그들이 서 있는 동안에 [다시] 길게 불고(tekia) 그리고 짧게 부는가(terua)? 사탄을 혼동시키기 위해. 그리고 랍비 이츠하크(Rabbi Yitzḥak)는 말했다. 어느 해든 시작할 때에 나팔 소리가 울리지 않으면, 그해의 마지막에는 악의 고통을 받을 것이다. 이유가 무엇일까? 사탄이 혼동하지 않았기 때문이다.(b. Roš Haš. 16a:17-16b:2)

이 본문은 세상이 네 번 재판을 받는다는 미쉬나 설명(게마라)에 속한 내용이다. 네 번의 재판은 4대 절기(유월절, 칠칠절/초실절, 장막절/초막절, 대속죄일)에 일어난다. 사탄이 등장하는 로쉬 하샤나 본문은 신년 축제 때, 양각 나팔(shofar)을 길게 불고(tekia), 짧게 분 다음(terua) 또 다시 길고 짧게 이중으로 나팔을 부는 것을 설명한다. 그 이유는 사탄에게 혼동을 주어 고발하지 못하도록 하기 위해서다. 나팔 소

Strack and Stemberger, *Introduction to the Talmud and Midrash*, 214-5. 그러나 본문에 등장하는 랍비들은 주후 3-4세기에 주로 활동하였기 때문에 미드라쉬 랍바와 같이 초대 교부들의 시대와 비교하기에 유용하다.
36 [ ]는 원문에는 나오지 않지만 이해를 돕고자 최소한으로 추가한 부분이다.
37 시 81:3.
38 레 23:24.

리가 들리지 않으면 사탄은 혼동을 겪지 않고, 회중을 고발할 것이다.

또한 레위기 랍바 21:4와 같이 364일을 고발할 수 있지만, 속죄의 날에는 고발할 수 없는 사탄의 자격이 나온다.

"죄가 문에 엎드려 있느니라."[39] 사탄은 무엇이라고 말했습니까? 그에게 욤키푸르(대속죄일)에 있는 사탄은 기소할 수 있는 자격이 없다고 말했다. 어디로부터? 라미 바르 하마(Rami bar Hama)는 **하사탄의 숫자**(게마트리아)는 364라고 말했다. 364일은 기소할 자격이 있다. 대속죄일에는 **그에게 기소할 수 있는 자격이 없다.**(b. Yoma 20a:1)

여기서는 대속죄일의 규정과 대제사장이 행하는 의식을 다룬다. 대제사장은 제물을 바칠 때까지 졸음을 참아야만 한다는 미쉬나의 게마라에 포함되어 있는 내용이다. 랍비들은 특별한 날인 대속죄일을 제외하고는 항상 인간을 기소할 수 있는 검사의 역할로 사탄을 이해하고 있었다. 바빌론 탈무드에서는 다른 초기 랍비들의 문헌들이나 구약성경과 같이 고발자, 검사의 역할로 사탄을 이해한다.

그러나 더 나아가서 사람을 유혹하고, 방해하는 역할로도 나타난다. 욥기에서 욥의 경건성을 의심하고 하나님으로 하여금 욥

---

39 창 4:7.

을 시험하게 만든 사탄이 바빌론 탈무드 산헤드린에 나오는 아브라함의 이야기에서도 유사한 역할을 한다. 하나님께서 아브라함에게 100세에 아들을 선물로 주셨는데, 사탄은 아들을 위한 잔치에 하나님께 바치는 제물이 없다고 말한다. 그러자 하나님이 반응하신다.

> … 그(사탄)에게 말씀하셨다. 아들을 위해 준비했다고? 내가 그(아브라함)에게 "네 아들을 나에게 바쳐라"고 말하면 그는 즉시 그(이삭)를 죽일 것이다. 직후, "그리고 하나님은 아브라함을 시험하셨다."[40](b. Sanh. 89b:9)

바빌론 탈무드에서는 아브라함이 이삭을 제물로 바치게 된 이면에 사탄이 있었다고 본다. 사탄은 여기에서 그치지 않고, 아브라함이 하나님의 명령을 이행하려는 것을 막으려 한다.

> 사탄은 그(아브라함)보다 앞서가서 그에게 말했다. "누가 네게 말하면 네가 싫증을 내겠느냐 … 네가 여러 사람을 훈계하였고 손이 늘어진 자를 강하게 하였다. 넘어지는 자를 말로 붙들어 주었고 … 이 일이 네게 이르매 네가 힘들어한다."[41] 그에게 말하였다. "나는 나의 온전함에 걸어가오니."[42](b. Sanh. 89b:12)

---

40 창 22:1.
41 욥 4:2-5.
42 시 26:11.

사탄이 욥기에 나오는 엘리바스의 말을 빌려(욥 4:2-5) 아브라함을 방해한다. 그러나 아브라함은 시편 시인의 고백으로 끝까지 자신의 길을 갈 것이라고 대답한다(시 26:11). 사탄은 시험을 제기하는 것을 넘어, 하나님의 명령을 이행하려는 자들을 대적하는 자였다.

바빌론 탈무드에는 다른 랍비 문헌들에서는 찾아볼 수 없는 내용이 나온다. 사탄을 '악한 성향(יֵצֶר הָרַע)', '죽음의 천사(מַלְאַךְ הַמָּוֶת)'와 동일하게 본다는 것이다.[43]

> 레쉬 라키쉬(Reish Lakish)가 말했다. 사탄, 악한 성향, 죽음의 천사는 하나다. 사탄은 기록되었듯이, "사탄이 주님 앞에서 나갔다."[44] 저기에 기록되었듯이, "항상 악할 뿐이다."[45] 그리고 여기에 기록되었듯이, "오직 그의 몸에는 네 손을 대지 말라."[46] 그는 다음과 같이 쓰여진 것처럼 죽음의 천사이기도하다. "다만 그의 생명은 해하지 말라."[47] 분명히 그에게 달려 있다.(b. B. Bat. 16a:8)

이는 죽음의 천사가 욥의 생명을 가져갈 수 있다는 것 때문에 가능한 이해였다. 그러나 죽음의 천사는 하나님으로부터 독립되어 스스로 인간의 생명을 빼앗을 수는 없었다. 그는 하나님에 의

---

43 Reeg, "The Devil in Rabbinic Literature", 81.
44 욥 2:7.
45 창 6:5.
46 욥 1:12.
47 욥 2:6.

해 행동이 제한된 존재였다.⁴⁸ 오히려 그의 활동은 결국 하나님을 위한 것이었다.

> … 랍비 이츠하크(Rabbi Yitzḥak)는 말한다. 사탄의 고통은 욥의 고통보다 심했다. 주인이 자신의 종에게 말한 비유처럼 [어려웠다]. "통은 부수고 포도주는 저장하라."
> 랍비 레위(R. Levi)는 말한다. 사탄과 브닌나 모두 하늘의 뜻을 따랐다. 사탄은 거룩하신 한 분, 축복을 받으실 분이 욥에게 기우는 것을 보았을 때, 그는 말했다. 그가 아브라함의 사랑을 잊지 않기를! 브닌나는 기록되었듯이, 그의 적수인 아내도 그를 심히 격분하게 하여 괴롭게 하더라.⁴⁹ 랍비 아하 바르 야콥(Rav Aḥa bar Ya'akov)이 파푸냐에서 가르치자, 사탄이 와서 그의 발에 입을 맞추었다.(b. B. Bat. 16a:7, 9)

욥을 시험하는 사탄은 욥의 목숨까지는 빼앗을 수 없는 한계적 존재였고, 그 한계로 인해 사탄은 고통을 받았다. 그러나 본문에서는 욥에게 행한 사탄의 일이 오히려 하나님의 일을 이룬다고 해석한다. 하나의 예로 브닌나의 행동이 한나로 하여금 하나님께 기도하게 했음을 설명한다.

사탄의 또 다른 측면은 악한 성향이다.⁵⁰ 이것은 인간 내면에

---

48 Dov Noy, "Angel of Death", *EncJud* 2, 2nd ed. (Detroit; New York; San Francisco; New Haven, Conn.; Waterville, Maine; London: Thomson Gale, 2007), 148.
49 삼상 1:6.
50 악한 성향에 대한 자세한 설명은 다음을 참고하라. Frank Chamberlin Porter, "The Yecer Hara: A Study in the Jewish Doctrine of Sin", in *Biblical and Semitic Studies: Critical and*

존재하는 성향 중 하나다. 열두 족장의 유언에는 악한 성향을 암시하는 듯한 내용들이 나온다(T. Reu. 4:9; T. Sim. 4:8; T. Jud. 11:1; 13:8; 18:3; T. Naph. 2:5; T. Ash. 1:6, 8; 3:2; T. Jos. 2:6; T. Benj. 6:1-4). 그렇다면 로우리(R. Lowry)의 언급처럼 적어도 주후 1세기 이전 중간기 유대 문헌에서는 인간의 성향에 대한 이해가 있었음을 알 수 있다.[51] 콜린스(J. J. Collins)에 의하면 랍비들은 인간에게 있는 선하고 악한 성향에 특별히 주목했다. 그들은 인간이 이 두 성향의 지배를 받아(b. Ber. 61b:2) 자신의 행동을 결정하게 된다고 믿었다.[52] 인간의 내면에 있는 악한 성향은 창세기 6:5과 8:21에서 사람들의 마음에 있던 악한 계획(יֵצֶר)[53]에 근거를 두고 있고, 이 성향으로 인해 인간은 죄를 짓는다.[54] 악한 성향과 관련된 사탄의 모습이 바빌론 탈무드에 여러

Historical Essays, ed. Semitic and Biblical Faculty of Yale University (New York: Charles Scribner's Sons, 1901), 93-156; Ishay Rosen-Zvi, *Demonic Desires: Yetzer Hara and the Problem of Evil in Late Antiquity* (Philadelphia: University of Pennsylvania Press, 2011); 또한 여러 학자가 쿰란 문헌에 나타난 성향을 연구했다. Roland E. Murphy, "Yeser in the Qumran Literature", *Bib* 39, no. 3 (1958): 334-44; E. Tigchelaar, "The Evil Inclination in the Dead Sea Scrolls, with a Re-edition of 4Q468i(4QSectarian Text?)", in *Empsychoi Logoi—Religious Innovations in Antiquity: Studies in Honour of Pieter Willem van der Horst*, eds. Alberdina Houtman, Albert de Jongand Magda Misset-van de Weg, Ancient Judaism and Early Christianity 73 (Leiden; Boston: Brill, 2008), 347-57.

51 Richard Lowry, "The Dark Side of the Soul: Human Nature and the Problem of Evil in Jewish and Christian Traditions", *Journal of Ecumenical Studies* 35, no. 1 (1998): 91.

52 John J. Collins, *Jewish Wisdom in the Hellenistic Age*, OTL (Louisville, Kentucky: Westminster John Knox Press, 1997), 82.

53 쿡(J. Cook)은 יֵצֶר 가 성향(inclination), 본능(instinct), 성적 욕망(sexual desire), 인간에게 있는 악의 세력(the power of evil in human beings), 성격(disposition) 등의 의미로 표현될 수 있다고 설명한다. Johann Cook, "The Origin of the Tradition of the יצר הטוב and יצר הרע", *JSJ* 38, no. 1 (2007): 81.

54 Porter, "The Yecer Hara: A Study in the Jewish Doctrine of Sin", 108-9; Louis Goldberg, "The Sin Nature and Yetzer Har'a: Are they the Same or Different?", *Mishkan*, no. 32 (2000): 46.

번 나온다.

사탄에게 자극을 받아 해 질 무렵에 서로 논쟁을 벌이는 두 명이 있었다. 랍비 메이르(Rabbi Meir)는 우연히 [그들이 다투는 곳으로 왔다.] 그는 해 질 녘에 세 [번]을 막았고, 마침내 그들 사이를 화해하게 했다. 그는 [사탄이] 말하는 것을 들었다. "오호라, 그 랍비 메이르가 남자를 그의 집에서 치웠다."(b. Giṭ. 52a:14)

사탄은 사람들 사이에서 일어나는 분노의 원인이었다. 인간의 내면에 있는 악한 성향이 움직이도록 사탄은 인간을 유혹한다. 그래서 바빌론 탈무드는 사탄의 유혹에 넘어가 악을 행하지 않도록 늘 입을 조심할 것을 경고한다(b. Ber. 19a:20; b. Ketub. 8b:9).

아바예(Abaye)가 말했다. 사탄에게 그의 입을 열지 않기 위해 말을 해서는 안 된다. 랍비 시므온(Rabbi Shimon ben Lakish)이 랍비 요쎄(Rabbi Yosei)라는 이름으로 말했다. 결코 사탄에게 입을 열어서는 안 된다.(b. Ber. 60a:24)

또한 악한 성향이 의인화되어 말을 하거나, 여러 모습으로 나타나 사람을 유혹할 수 있다는 것을 경고한다. 사탄은 상황에 가장 잘 맞는 모습으로 가장해서 인간을 유혹한다(b. Qidd. 81a:13-14; b. Šabb. 105b:8; b. Sanh. 95a:8; 107a:5).

랍비 메이르(Rabbi Meir)는 위반자들을 조롱했다. 어느 날 사탄은 강 건너편에서 여인으로 그에게 나타났다. 나룻배가 없었다, 그는 밧줄 가교를 잡고 건넜다. 그가 밧줄 가교 중간에 도착했을 때, 그를 떠나면서 말했다. 그들이 하늘에서 랍비 메이르와 그의 토라에 대해 조심하라고 선포한 것이 아니었는가, 내가 당신의 피를 두 마아로 만들었을 것이다.(b. Qidd. 81a:13)

이 본문은 사람들이 악한 성향의 유혹을 쉽게 물리칠 수 없음을 설명한다. 악한 성향은 매일 사람들을 압도하고 죽이려 한다(b. Sukkah 52b:1). 그래서 사람들은 사탄의 유혹에 넘어가는 것을 경계했다. 결혼과 결혼 법규를 다루는 키두쉰에서는 사탄의 유혹에 쉽게 노출되어도, 악한 성향을 두려워하지 않겠다고 다짐하는 장면이 나온다(b. Qidd. 29b:19-30a:1). 탈무드는 죄의 원인인 사탄 즉, 악한 성향은 토라를 통해 극복 가능하다고 말한다.

랍비 이스마엘(Rabbi Yishmael) 학파는 가르쳤다. 내 아들아, 만약에 이 가련한 것(사탄)이 너를 만나면, 그것을 서재로 끌어들여라. 그것이 돌이라면 녹는다, 쇠라면 깨진다. 말한 바와 같이, "내 말이 불 같지 아니하냐 주님께서 이르시되 바위를 쳐서 부스러뜨리는 방망이 같지 아니하냐."[55](b. Qidd. 30b:8)

---

55 렘 23:29.

창세기 랍바에 하나님이 사탄을 창조했다고 기록되어 있듯이 바빌론 탈무드에서도 하나님이 악한 성향을 창조했다는 이해가 공유되고 있었다. 그리고 하나님께서 악한 성향을 이기게 하기 위해 사람에게 토라를 주신 것이라고 말한다.

라브 나흐만 바르 히쓰다(Rav Naḥman bar Rav Ḥisda)는 설교적으로 해석했다. 다음과 같이 기록되었듯이, "주 하나님이 사람을 지으셨고 [vayyitzer]",[56] 이중 요드로 쓰여진 의미는 무엇인가? 거룩하신 한 분, 축복을 받으실 분이 두 가지 성향을 창조하셨다. 하나는 좋은 성향이고 다른 하나는 악한 성향이다.(b. Ber. 61a:3)
그리고 욥의 친구들은 그에게 어떻게 대답했는가? "참으로 네가 하나님 경외하는 일을 그만두어 하나님 앞에 묵도하기를 그치게 하는구나."[57] 거룩하신 한 분, 축복을 받으실 분은 악한 성향을 창조하셨다. 그리고 그분은 토라를 해독제로 만드셨다.(b. B. Bat. 16a:13)

바빌론 탈무드 베라콧에서는 창세기 2:7에서 '창조하셨다(וַיִּיצֶר)' 에 히브리어 자음 요드(י)가 두 번 나오는 것에 주목하여 인간 안에 두 성향이 창조되었음을 설명한다. 참고로, 동물을 '창조하셨다(וַיִּצֶר)'에서는 요드(י)가 한 번만 사용된다(창2:19). 이를 통해 랍비들이 다른 피조물에게는 두 개의 성향이 있지 않다는 이해를 가지

---

56 창 2:7.
57 욥 15:4.

게 되었다고 골드버그(Louis Goldberg)는 주장한다.[58] 또한 러셀은 천사들에게도 악한 성향이 없었기 때문에 사탄이 될 수 없다는 것이 랍비들의 생각이었다고 설명한다. 랍비들에게는 악한 성향이 의인화된 것이 곧 사탄이었고, 사탄은 위협적인 존재가 아니었다.[59] 리그도 랍비들이 사탄의 기원이나 본질을 추측하지 않았으며, 쿰란 문헌이나 요한 문헌처럼 종말론적 개념과 연결시키지 않았다고 본다. 그는 랍비들은 사탄이 창조의 일부분이기 때문에 기본적으로 선하다고 보며, 세상에서 일어나는 악은 오히려 인간 때문에 생겨난 결과물로 생각했다고 설명한다.[60]

바빌론 탈무드에서는 구약성경과 같이 고발자, 검사로서 기능하는 사탄의 모습이 남아 있다. 그러나 동시에 생명을 취할 수 있는 죽음의 천사로, 사람의 내면에 있는 악한 성향이자 그것을 이용할 수 있는 존재라는 새로운 이해도 추가되었다. 리그는 이렇게 바빌론 탈무드는 사탄을 정의의 속성과 연결된 검사의 기능도 하고 동시에 악한 성향과 관련된 유혹자의 기능도 하는 것으로 독특하게 이해하고 있었다고 설명한다.[61] 그러나 바빌론 탈무드는 초기 기독교와 달리 인격화된 사탄을 인정하지 않고, 오히려 인간의 내면 속에 있는 악한 성향이 의인화된 것에 초점을 맞

---

58 Goldberg, "The Sin Nature and Yetzer Har'a", 47.
59 제프리 버튼 러셀, 『악마의 문화사』, 최은석 역 (서울: 황금가지, 1988[Jeffrey Burton Russell, *The Prince of Darkness: Radical Evil and the Power of Good in History*, Ithaca: Cornell University Press, 1988]), 76-7.
60 Reeg, "The Devil in Rabbinic Literature", 71-83; 러셀, 『악마의 문화사』, 77.
61 Reeg, "The Devil in Rabbinic Literature", 82.

추었다. 이는 악의 원인을 설명하는 기독교 문헌과는 다른 접근이었다. 기독교 문헌은 인격화된 사탄을 통해 악이 생겨났고, 인간을 유혹하게 되었다고 본다. 죄와 악에 대해서는 인간의 책임도 있지만, 사탄에게 그 책임을 돌린다. 그러나 랍비들은 사탄에게 악한 성향이 있다는 점과 사람이 악을 행하도록 유혹하는 존재이지만 종말론적 존재처럼 인간의 힘으로 물리치기 어려운 존재는 아니었다고 보았다. 이렇게 랍비들은 초기 기독교와는 전혀 다른 접근으로 반응했다.

3

사탄을 어떻게 이해할 것인가?

포로기 이후, 이스라엘에서는 페르시아의 영향으로 이원론적 사상이 대두되기 시작했다.[1] 러셀(J. B. Russell)은 페르시아의 영향과 더불어 주전 6세기부터 나타난 그리스의 오르페우스교(Orphism, Orphicism)도 영향을 끼쳤다고 언급한다. 이 종교는 주전 4세기경 조로아스터교의 사상과 결합되어 기독교와 유대교의 이원론적 사상에 영향을 미쳤다고 주장한다.[2] 페르시아가 이스라엘 백성

---

[1] 궁궬은 바빌론의 영향도 언급한다. Hermann Gunkel, *The Folktale in the Old Testament*, trans. Michael D. Rutter, Historic Texts and Interpreters in Biblical Scholarship(Sheffield: Almond Press, 1987[*Das Märchen im Alten Testament*, Tübingen: Mohr Siebeck, 1917]), 98-9; 그리스의 영향으로 보기도 한다. Wray and Mobley, *The Birth of Satan*, 85-7; Lewis M. Hopfe and Mark R. Woodward, *Religions of the World*, 9th ed. (Upper Saddle River, N.J.: Pearson Education, 2004), 232-4; 그 외 고대 근동의 영향은 다음을 참고하라. Wray and Mobley, *The Birth of Satan*, 75-84; 송혜경, 『구약 외경 1』, 26-8.

[2] 러셀, 『악마의 문화사』, 36, 42-3; 러셀, 『데블: 고대로부터 원시 기독교까지 악의 인격화』, 172-5; 같은 의견으로 Wray and Mobley, *The Birth of Satan*, 88-90; 하지만 이원론은 그대로 수용되지 않았고, 변형과 발전이 일어났다. Russell, *The Method and Message of Jewish Apocalyptic*, 258-60.

을 본국으로 돌려보내 준 덕분에 백성은 페르시아인들을 우호적으로 생각했을 것이다. 거기에 더해 자신들이 믿는 바와 비슷한 유일신 사상인 조로아스터교를 긍정적으로 보았을 것이다.[3]

페르시아의 종교인 조로아스터교에서는 창조주 아후라(Ahura)를 선하다고 믿는다. 그런데 세상에는 부정할 수 없는 악이 존재한다. 선은 아후라와 그의 편에 선 야자타(Yazata)에게 있고 악은 앙그라 마이뉴/앙그라 마인야(Angra Mainyu/Angra Mainya)와 그와 함께 하는 악마들인 다에바/데바(Daeva)에게 있다. 그리고 두 존재는 투쟁한다. 선한 신을 돕기 위해 인간에게 윤리적, 도덕적 규범이 주어졌고 이 규범을 강조하는 것이 선의 신인 아후라의 예언자다. 그는 사람들로 하여금 윤리적 선택을 할 수 있도록 돕는다. 그래서 선한 신과 악한 신의 힘의 균형이 무너지고 선한 창조주인 아후라가 최후의 승리자가 되어 빛의 신인 아후라 마즈다(Ahura Mazda)가 되는 결과를 가져오고, 패배한 다에바/데바(Daeva)가 악의 영역을 지배하게 된다.[4]

이런 페르시아의 이원론적인 세계관은 선과 악을 구분하여 하나님의 영역과 사탄의 영역을 나누는 것을 가능하게 했다. 이원론을 통해 이스라엘은 악을 사탄과 연결하려고 시도했다.[5] 그 출

---

3 송혜경, 『사탄, 악마가 된 고발자』, 35.
4 러셀, 『악마의 문화사』, 23; 기독교 문헌과 유대 문헌에 나타난 선과 악의 대립 그리고 그 대립의 장소가 지상이 아닌 하늘에서 일어나는 묵시적 모티브는 길가메시 서사시의 영향을 받았다고 볼 수도 있다. Wray and Mobley, *The Birth of Satan*, 78; Forsyth, *The Old Enemy*, 22.
5 Sweeney, *The Twelve Prophets*, 595; Hamilton, "Satan", 988; Gordis, *The Book of God and Man*, 69-70; William Foxwell Albright, *From the Stone Age to Christianity: Monotheism and the Historical Process*, 2nd ed. (Garden City, N.Y.: Doubleday, 1957), 361-3.

발점은 일반 명사 사탄을 인격적 존재로 표현한 것이다.

스가랴와 욥기 본문부터는 사탄이 일반 명사라는 특징에 더해 인격화된 영적인 존재로 그려진다. 두 성경에서 사탄은 고유 명사가 아닌, 일반 명사로서 기능적인 면을 나타낸다.[6] 사탄은 고발자로서 자신에게 주어진 임무를 실행하는 존재였다. 그러나 스가랴의 사탄은 하나님의 뜻에 반대하는 모습을 보였고, 욥기의 사탄은 인간에게 고난을 주는 존재였다. 그럼에도 사탄은 여전히 하나님의 주관하에 있었고 독립적으로 활동할 수 없었다. 그러나 역대상에서는 관사를 사용하지 않은 독립적인 존재로 표현된다. 이전 본문보다는 **스스로 악을 행할 수 있는 존재에 가까운 것처럼 보였지만, 여전히 이원론으로 설명할 수 있는 존재로는 부각되지는 않았다.**[7] 철저한 일원론적 신앙을 가진 구약성경의 저자들은 악도 하나님이 다스리는 주권 안에 있다고 생각했다.[8]

그러나 역대상 이후, 사탄을 고유 명사로 보는 개념이 발전하기 시작했다. 중간기 유대 문헌에는 두 개의 공통된 특징이 있다. 첫째는 타락 모티브를 통해 악의 기원을 자세히 설명하고자 했다는 것이다. 중간기 유대 문헌에서는 하나님의 대적이며, 인간을 타락시킨 사탄, 벨리알, 마스테마가 모두 같은 개념으로 나타난다. 시대는 변화되었지만, 이 개념들이 지속되었던 이유는 중

---

6 Russell, *The Method and Message of Jewish Apocalyptic*, 237.
7 폰 라트는 구약에 나타난 사탄은 모두 하나님의 주권 아래에 있는 존재라고 설명한다. Gerhard von Rad, "diábolos", *TDNT* 2 (Grand Rapids, Mich.: Eerdmans, 1985), 73-5.
8 송혜경, 『사탄, 악마가 된 고발자』, 25-32.

간기 유대 문헌의 저자들이 공유하고 있었던 경험과 관련이 있다. 바로 끝날 것 같았지만 끝나지 않은 악을 인격화하여 표현한 것이다. 그들이 경험하고 있던 악은 초월적인 존재인 사탄을 통해 지속되고 있었다. 이렇게 중간기 유대 문헌의 저자들은 이원론적 개념을 사용하여 사탄을 악한 영역에 두었다.[9]

둘째는 사탄으로 인해 악이 나타나면서 선과 악의 대립이 생겼지만, 결국엔 끝이 있다는 것이다. 악을 영원하다고 보지 않았다. 왜냐하면 악의 수장인 사탄이 멸망할 때가 오기 때문이다. 콜린스는 "묵시 문학의 기능은 현재 경험하는 사실을 묵시적 표현으로 설명하여 독자들의 이해와 행동에 영향을 주기 위한 의도를 가지고 있다"고 말했다.[10] 그러므로 사탄의 패배는 현재 악을 경험하는 사람들에게 인내와 희망을 줄 수 있는 메시지가 될 수 있었다. 중간기 유대 문헌이 작성되던 시기에는 욥의 유언에서 볼 수 있었던 것처럼 선과 악을 하나님이 주관하신다는 구약성경의 일원론이 여전히 유지되고 있었다.

쿰란 문헌은 벨리알이 세상의 통치자이지만, 하나님에 의해 심판을 받는다는 묵시 문학적 세계관과 방향성을 드러내는 것에 집중한다. 쿰란 공동체가 처한 내부적, 외부적 위기 속에서 하나

---

[9] Harold Henry Rowley, *The Relevance of Apocalyptic: A Study of Jewish and Christian Apocalypses from Daniel to the Revelation*, rev. ed. (New York: Association Press, 1964), 171-8.

[10] Adela Yarbro Collins, "Introduction: Early Christian Apocalypticism", in *Early Christian Apocalypticism: Genre and Social Setting*, ed. Adela Yarbro Collins, Semeia 36 (Decatur, GA: Scholars Press, 1986), 7.

님이 구원해 주실 것에 대한 열망을 표현한 것이다. 그렇기에 쿰란 문헌은 벨리알이 이미 세상을 지배하고 있고, 그의 수하에 악한 영들을 거느리고 있으며, 선의 세력에 대항하여 전쟁을 하지만 결국은 패배하는 존재로 표현하는 것에 초점이 맞춰져 있었다고 할 수 있다.

중간기 유대 문헌에서 사탄의 개념이 급격히 발전하고 이원론이 결합된 것은 폭스(D. A. Fox)의 의견처럼 세상에서 일어나는 악한 일을 설명할 수 있는 가장 편한 방법을 택한 것일 수 있다.[11] 이원론적 사고는 외부의 영향으로 갑자기 생겨난 것이 아니다. 이미 이스라엘 내부에서 선과 악에 대한 고민이 지속되고 있었고,[12] 페르시아의 이원론 사상의 영향은 선과 악에 대한 문제를 해결하는 데 정점이 된 것이다.[13] 그리고 사탄에 대한 새로운 해석이 나타났음에도 고발자 또는 적으로서의 역할을 하는 구약성경의 해석도 지속되고 있었다.

신약성경의 저자들은 구약성경과 중간기 유대 문헌에 나타난 사탄의 역할을 대부분 수용하였다. 각 신약성경의 저자들이 이해한 사탄의 모습은 대부분 유사했다. 신약성경에서 사탄은 한계적 존재, 악의 원인, 통치자, 대적자, 패배자였다. 그러나 저자마다 자신의 글의 맥락에 따라 사탄의 역할을 재해석해서 표현

11　Douglas A. Fox, "Darkness and Light: The Zoroastrian View", *JAAR* 35, no. 2 (1967): 135-6.
12　Dillmann, *Handbuch der alttestamentlichen Theologie*, 339-40; Harold Henry Rowley, *The Faith of Israel: Aspects of Old Testament Thought* (Philadelphia: Westminster Press, 1956), 73, 80; Ladd, *The Presence of the Future*, 88.
13　머피, 『초기 유대교와 예수 운동』, 249-51.

하였다. 그리고 맥락에 따라 특별히 어떤 모습을 부각하여 강조하기도 하였다.

구약성경에서 사탄의 한계적 모습을 수용한 바울서신은 사탄을 하나님의 일을 이루기 위한 도구에 불과한 존재로 설명한다. 참고로, 중간기 유대 문헌들에서 사탄은 인간을 이용하여 죄를 짓게 하는 존재였다. 신약성경은 사탄을 예수의 사역을 막는 존재로 표현하였는데, 특별히 바울서신과 공관복음에 그 모습이 두드러지게 나타난다. 거기에서 가장 중요한 주제는 '메시아인 예수'다. 예수를 메시아로 믿지 않는 것, 예수를 전하는 사역을 방해하는 것, 예수를 믿는 공동체를 무너지게 하는 것은 곧 하나님을 대적하는 것이었다. 그래서 바울서신에서는 선교를 방해하는 것과 공관복음에서는 예수가 이루고자 하는 하나님의 구속 사역을 막는 것을 사탄이 대적하는 행위라고 본 것이다.

요한 문헌은 묵시적 이원론에 집중한다.[14] 요한 문헌은 유대교가 기독교 신앙을 가졌다는 이유로 초기 기독교인들을 축출했던 사건과 로마의 박해로 어려움을 겪던 초기 기독교인들의 상황을 배경으로 한다. 그래서 위기감이 가득한 시기에 묵시적 이원론에 집중했던 쿰란 문헌에서 부각한 사탄 개념을 수용한다. 사탄이 세상을 통치하고, 인간에게 악을 행하고 있지만, 궁극적

---

14 초기 기독교인들에게도 페르시아의 이원론이 이어지고 있다고 보는 학자들이 있다. 아이히로트, 『구약성서신학 II』, 229; 베르너 H. 슈미트, 『구약신앙: 역사로 본 구약신학』, 차준희 역 (서울: 대한기독교서회, 2007 [Werner H. Schmidt, *Alttestamentlicher Glaube*, 9. Aufl., Neukirchen-Vluyn: Neukirchener Verlag, 2004]), 696; 그러나 초기 기독교는 악이 신으로부터 존재하게 되었다는 생각을 거부했다. Albright, *From the Stone Age to Christianity*, 362.

으로는 하나님의 심판으로 패배한다는 사상에 집중하는 것이다. 그 이유는 외부적으로 로마의 박해와 내부적으로 유대인들과 마찰을 겪는 그리스도인들을 격려하기 위함이었다. 또 다른 한편으로 쿰란 문헌이 묵시적 이원론을 부각하여 자신들의 정체성을 견고히 하였던 것처럼, 요한 문헌도 예수를 구약이 예언한 메시아로 믿는 집단으로서의 정체성을 강하게 했을 것이다. 요한 문헌에서는 그리스도를 믿지 않는 유대인들을 아브라함의 자손으로 여기지 않았다(요 8:44).[15]

신약성경의 저자들은 사탄에 대한 선이해로 구약성경과 중간기 유대 문헌들을 읽었다. 구약성경에 담긴 원 의미를 설명하는 객관적인 해석보다는 현재의 상황에서 구약의 텍스트를 접할 때 어떤 의미로 해석해야 하는지를 중요하게 생각했다.[16] 그리고 현재 경험하는 새로운 지평 속에서 재해석을 시도했고,[17] 새로운 이해를 생성했다.[18] 초기 기독교인들은 예수를 메시아로 받아들이는 신앙 공동체를 형성해야만 했을 것이다. 예수를 메시아로 인정한다는 것은 초기 기독교인들이 아닌 유대인들이 고대하던 메시아 상과는 다른 것이었다. 초기 기독교 공동체는 예수를 믿지 않고, 예수의 사역을 방해하고, 선교를 막는 일을 사탄에게 적용

---

15   에브너, 슈라이버, 『신약성경 개론』, 332-4.
16   Prosper Cardinal Grech, "Testimonia and Modern Hermeneutics", *NTS* 19, no. 3 (1973): 320-1.
17   앤서니 C. 티슬턴, 『기독교 교리와 해석학』, 김귀탁 역 (서울: 새물결플러스, 2016[Anthony C. Thiselton, *The Hermeneutics of Doctrine*, Grand Rapids, Mich.: Eerdmans, 2007]), 541-2.
18   Grech, "Testimonia and Modern Hermeneutics", 324.

함으로써 자신들의 정체성을 견고히 했고, 예수를 중심으로 한 고유한 신앙을 가지게 되었다. 그런 의미에서 신약성경 시대에는 중간기 유대 문헌에 자주 등장한 사탄의 기원과 악의 기원 등에 대해서는 논의할 필요가 없었다.

주후 2-3세기 초대 교부들은 신약성경의 저자들과 대부분 비슷하게 사탄의 개념을 수용하였다. 사탄은 이 세상의 통치자였으며, 예수의 사역을 방해하고 공동체에 해가 되는 자들의 배후에 있었다. 그리고 인간의 마음에 침투하여 예수 믿는 것을 방해하는 대적자였으나, 결국 패배를 맞이하는 존재였다. 이런 이해가 가능했던 것은 교부들의 시대가 신약성경의 시대와 크게 달라지지 않았기 때문이다. 그들에게 하나님의 사역의 중심이자 진리는 예수였다. 그 신앙 때문에 그들 공동체 내외에는 항상 적대자들이 있었고, 고난을 받아야 했다. 이렇게 대부분의 환경이 신약성경과 유사했기 때문에 그들이 이해한 사탄의 이미지는 크게 달라지지 않았다. 신약성경의 사탄의 개념이 재해석되거나 발전하기보다는 유지된 채 수용되었다고 할 수 있다.

초기 유대교 공동체의 역사 해석은 토라와 과거에서 현재로 이어지는 역사의 연속성을 강조한다. 그래서 구약성경에서 중간기 유대 문헌으로 전승된 내용들은 유대인들의 각 공동체에 중요하게 작용하였으며, 하나님의 계시처럼 여겨졌다. 그러나 랍비의 시대에 들어와서는 성경을 해석하는 랍비들의 가르침을 더욱 중요하게 여기게 되었다. 랍비 문헌의 저자와 편집자들의 역할은 랍비들끼리의 토론과 구전을 모아 결과물을 내는 것이었다.[19] 그 가운데서 미드라쉬는 성경을 새로운 문화 상황에 맞추어 살펴보고, 전통을 성경에 비추어 살펴보는 것을 추구했다.[20] 그래서 랍비들은 자신들의 현 상황에서 토라를 중심으로 새로운 정체성을 형성하려 했다. 그들은 예수를 메시아로 믿는 초기 기독교 공동체와 차별성을 두어 자신들의 정체성을 세우려 했고, 랍비들의 성경 해석이 중심이 되어 초기 기독교와는 다른 길을 찾았다. 그 증거들이 미드라쉬 랍바와 탈무드의 사탄 수용에 나타난다.

미드라쉬 랍바는 중간기 유대 문헌, 필론이나 요세푸스와의 연관성, 그리고 기독교인들과의 접촉 속에서 사탄을 어떻게 수용해야 할지 방향을 결정했을 것이다.[21] 미드라쉬 랍바는 중간기 문헌에 나오는 감시자들의 타락이나 선과 악의 전쟁과 관련된 묵시적 이원론을 수용하지 않는다. 구약성경의 사탄의 역할을 받아들인 그들에게 사탄은 고발자였다. 그리고 창세기 랍바에서는 사탄이 하나님이 창조하신 피조물이라는 새로운 해석도 등장한다. 중간기 유대 문헌과 기독교 문헌에 나오는 사탄 개념을 받아들이지 않은 미드라쉬 랍바의 선택적 사탄 수용은 초기 기독교와는 다른 유대교의 정체성을 세우고자 하는 시도였을 것이다.

19　Reed, *Fallen Angels and the History of Judaism and Christianity*, 144-5.
20　Daniel Patte, *Early Jewish Hermeneutic in Palestine*, SBLDS 22 (Missoula, Mont: Scholars Press, 1975), 120-7.
21　Strack and Stemberger, *Introduction to the Talmud and Midrash*, 278.

예루살렘 탈무드에서도 구약성경의 고발자인 사탄이 나타난다. 그러나 더 이상 탈무드의 내용을 발전시킬 수 없던 팔레스타인 땅의 사회적, 정치적, 종교적 상황으로 인해, 사탄이 고발자라는 내용 외에는 다른 내용이 나타나지 않았다. 그와 달리 안정적 상황에 있었던 바빌론에서는 탈무드가 더욱 발전하였다. 바빌론 탈무드에서도 구약성경의 고발자 사탄이 남아 있었다. 더 나아가서 유혹자, 하나님의 길을 막는 대적자라는 새로운 이해도 등장한다. 그러나 미드라쉬 랍바와 마찬가지로 기독교 문헌에 나타난 묵시적 종말론을 받아들이지 않았다.[22] 랍비들이 과거 유대인들의 노선을 따르지 않았던 이유는 당시 존재하던 초기 기독교가 중간기 유대 문헌에 나타난 사탄의 모습을 수용하고, 그 사탄을 물리치는 최후의 승자이신 예수를 메시아로 인정하며 정체성을 세워 갔기 때문이다. 랍비들은 중간기 유대 문헌의 사탄을 수용하지 않았고 다른 정체성을 세우고자 했다.[23]

사탄과 관련된 그들의 노력의 결과물은 초기 기독교가 받아들인 인격화된 사탄의 개념을 거절하는 것이었다. 랍비들은 기독교 문헌과 달리 묵시적 이원론을 받아들이지 않았다.[24] 세상에 파

---

22 Reeg, "The Devil in Rabbinic Literature", 82-3.
23 Reed, *Fallen Angels and the History of Judaism and Christianity*, 155-9; 더불어 호슬리는 랍비들이 헬레니즘화, 로마화가 견고하게 이루어진 갈릴리에 모여 그 문화에 저항했다고 설명한다. 그 이유는 팔레스타인 전통에 기반한 유대적 삶의 방식을 보존하기 위함이었다고 말한다. 리처드 A. 호슬리, 『갈릴리: 예수와 랍비들의 사회적 맥락』, 박경미 역 (서울: 이화여자대학교 출판부, 2007[Richard A. Horsley, *Archaeology, History, and Society in Galilee: The Social Context of Jesus and the Rabbis*, Valley Forge, Pa.: Trinity Press International, 1996]), 270.
24 Russell, *The Method and Message of Jewish Apocalyptic*, 240; Albright, *From the Stone Age to Christianity*, 362.

괴를 가져오며 하나님을 대적하는 것은 사탄이 아니라 인간이라고 생각했다. 이는 또한 그들이 랍비 문헌 중 유일하게 사탄을 죽음의 천사, 악한 성향과 동일하게 보았던 것과 관련이 있다. 바빌론 탈무드에서는 사탄이 인간에게 죽음을 줄 수 있는 죽음의 천사로도 등장하고, 인간이 가진 악한 성향을 이용해서 인간이 죄를 짓도록 공격하는 유혹자로 자주 등장하지만 위협적이지는 않았던 것 같다. 사탄은 죽음의 천사이지만, 하나님의 허락 없이는 인간에게 죽음을 줄 수 없었다. 그리고 악한 성향은 하나님에 의해서 창조되었다는 것과 토라로 인해 사탄의 유혹을 극복할 수 있다는 내용이 바빌론 탈무드에 나온다. 그리고 랍비들은 사탄을 인간이 가진 악한 성향을 의인화한 것에 불과하다고 생각했다.

부록

뱀은 사탄인가?

창세기 3장에서 아담과 하와가 선과 악의 지식의 나무 열매를 먹도록 유혹한 뱀은 사탄일까? 창세기를 처음 읽은 독자들은 뱀을 사탄으로 인식하고 있었을까? 지금의 그리스도인들에게는 너무 뻔한 질문이지만, 그 질문에 대한 뻔한 답이 나오기까지는 인류가 사탄을 수용한 과정과 유사한 점이 있다.

고대 근동에서 뱀은 '악'과 관련이 없는 동물이었다.[1] 뱀은 보호, 다산 등을 상징했다. 조인스(K. R. Joines)가 정리한 바에 따르면 고대 근동 문헌에 등장하는 뱀은 '젊음의 재현(Recurring Youthfulness)', '지혜(Wisdom)', '혼돈(Chaos)'의 상징이었다.[2] 창세기 3장에 나오는

---

1 고대 세계와 성경에 나타난 뱀에 관한 자세한 설명은 다음을 참고하라. James H. Charlesworth, *The Good and Evil Serpent: How a Universal Symbol Became Christianized*, AYBRL (New Haven: Yale University Press, 2010).
2 Karen R. Joines, "Serpent in Gen 3", *ZAW* 87, no. 1 (1975): 1-9.

뱀은 이원론적인 개념에 속하지도 않고, 악과 연결되지도 않으며, 사탄과 아무 관련이 없다.[3] 창세기 본문은 뱀의 존재, 악의 기원 등에는 관심이 없고 오직 뱀이 한 '말'에만 집중한다. 그렇다면 뱀은 사탄이 아닌가?

사탄과 마찬가지로 뱀의 이미지도 고대인들의 인식 속에서 점점 변화를 겪었다. 주후 1세기경 유대 문헌인 '아담과 하와의 생애'를 살펴보자. 이 문헌은 다양한 버전이 존재하는데, 가장 잘 알려진 버전은 흔히 '모세의 묵시(Apocalypse of Moses)'로 부르는 그리스어 버전과 '아담과 하와의 생애'로 부르는 라틴어 버전(Vita Adae et Evae)이다.[4]

모세의 묵시에서는 뱀이 사탄과 연결되지 않는다.[5]

악마(Devil)가 뱀에게 말하여 이르되 "일어나라 내게로 오라 내가 네게 유익이 될 만한 말을 하겠다." 그러자 그는 일어나 그에게 왔다. 그리고 악마는 그에게 말했다. "나는 네가 모든 짐승보다 지혜롭다는 말을 듣고 조언을 하러 왔다. 네가 왜 낙원(의 열매)이 아니라 아담의 잡초를 먹느냐? 일어나서 내가 그로 말미암아 쫓겨난 것같이 그를 낙원에

3　게르하르트 폰 라트, 『창세기』, 국제성서주석, 한국신학연구소 역 (서울: 한국신학연구소, 1983[Gerhard von Rad, *Das Erste Buch Mose: Genesis*, ATD 2/4, Göttingen: Vandenhoeck & Ruprecht, 1972]), 92.

4　히브리어로 기록된 원본은 주전 100년-주후 200년 사이쯤의 문헌으로 추측된다. 그 원본을 기준으로 주후 1세기 말-400년 사이쯤에 두 버전도 확장하여 완성되었을 것이다. Johnson, "Life of Adam and Eve", 252.

5　본문은 다음을 참고했다. R. H. Charles, *The Apocrypha and Pseudepigrapha of the Old Testament in English: With Introductions and Critical and Explanatory Notes to the Several Books*, 2 vols. (Oxford: Clarendon Press, 1913), 2:138-54.

서 내쫓자." 뱀이 그에게 말했다. "주께서 내게 진노하실까 두렵다." 악마가 그에게 말했다: "두려워하지 말라, 오직 나의 그릇이 돼라. 내가 네 입으로 말하여 그를 속이리라."(Apoc. Mos. 16:1-5)

본문을 보면 뱀은 악마가 사용하는 그릇일 뿐이다. 악마는 뱀의 입을 빌려 아담과 하와를 에덴동산에서 쫓겨나도록 했다. 그리고 악마 자신이 이미 에덴에서 쫓겨났음을 언급하는 부분은 이전의 전승을 수용하고 있음을 추측할 수 있다. 라틴어 버전 아담과 하와의 생애에서는 하와에게 접근한 주체를 악마로 묘사하여, 뱀과 악마를 동일한 존재로 간주하거나 악마를 유혹의 주체로 본다.[6] 또한 악마를 타락한 천사로 그리고, 아담을 질투하였으며, 그로 인해 자신이 추방되었기 때문에 복수하려고 아담과 하와를 유혹한다고 설명한다.

악마(Devil)가 탄식하여 이르되 "오 아담아, 나의 모든 원한과 질투와 슬픔은 너와 관련되어 있다. 내가 너로 말미암아 쫓겨나서 하늘에서 천사들 사이에서 가졌던 영광을 빼앗겼고, 너 때문에 내가 땅에 내던져졌다."(LAE 12:1)

앞에서 살펴본 대로 하나님의 형상인 아담을 숭배하라는 명령(LAE 15:2)에 순종하지 않은 사탄과 그의 추종자들은 추방당했다

---

6 본문은 다음을 참고했다. Johnson, "Life of Adam and Eve", 258-95.

(LAE 15:3-16:1). 그리고 사탄은 복수심에 불타 인간에게 접근한다(LAE 16:3-4). 바로 하와를 이용해 아담을 타락하게 한 것이다. 에덴동산에서 선악과를 통해 인간으로 하여금 타락하게 만든 원인에 사탄을 두고 있다. 이곳에서 사탄은 뱀과 동일시된다(LAE 16:3).

신약성경에서도 에덴동산의 뱀을 떠올리게 하는 내용을 발견할 수 있다.

> 큰 용이 내쫓기니 옛 뱀 곧 마귀라고도 하고 사탄이라고도 하며 온 천하를 꾀는 자라 그가 땅으로 내쫓기니 그의 사자들도 그와 함께 내쫓기니라(계 12:9)
>
> 용을 잡으니 곧 옛 뱀이요 마귀요 사탄이라 잡아서 천 년 동안 결박하여(계 20:2)

주후 1-3세기 문헌으로 추정되는[7] 바룩3서에서도 뱀과 관련된 본문을 확인할 수 있다.[8]

> 그러나 처음 창조된 아담이 사타나엘(Satanael)의 말을 듣고 죄를 지었을 때, 그가 뱀으로 몸을 가렸을 때(3 Bar. 9:7)

---

7 H. E. Gaylord Jr., "3 (Greek Apocalypse of) Baruch", in *OTP* 1, ed. James H. Charlesworth (Garden City, New York: Doubleday, 1985), 655-6.
8 본문은 다음을 참고하였다. Gaylord Jr., "3 Baruch", 662-79.

이 본문에서는 사타나엘로 불리는 사탄과 뱀이 동일시된다.[9] 바룩3서의 정확한 연대를 설정할 수는 없지만, 시간이 지날수록 뱀이 사탄과 동일시되는 경향들을 보이고 있음을 알 수 있다. 이는 교부들의 시대가 되자 더욱 명확해진다.

크리소스토무스(Joannes Chrisostomus, 344/354년 - 407년)는 385년에 작성한 '창세기 설교(Homiliae in Genesim)'에서 타락한 천사에 관한 전승과 창세기 3장의 뱀을 관련시킨다.[10]

… 따라서 악의 창시자(author of evil)는 우연히 땅에 사는 천사를 보고 시기심에 사로잡혔다. 왜냐하면 그 자신도 한때 위의 권력들 사이에서 한자리를 누렸으나 그의 의지의 타락과 지나친 악행 때문에 그 정점에서 쫓겨났기 때문이다. 그래서 그는 하나님의 은총에서 인간을 떼어 내 감사할 줄 모르게 하고, 하나님의 인자한 은혜로 그에게 제공된 모든 재물을 빼앗아 버리려고 상당한 기술을 사용했다. 그가 무슨 일을 했는가? 그는 이 들짐승, 곧 뱀을 발견했다. … 그는 이 생명체를 어떤 도구처럼 이용했고 그것을 통해 순진하고 약한 그릇, 즉 여성을 대화 수단으로 속임수에 빠트렸다.(Hom. Gen. 16.3)

악의 창시자는 하늘에서 쫓겨난 자이며, 인간을 타락하게 만들

---

9 다른 번역본에서는 사타나엘 대신 사마엘(Sammael)을 쓰는데 모두 같은 존재다. Alexander Kulik, *3 Baruch: Greek-Slavonic Apocalypse of Baruch*, CEJL (Berlin; New York: De Gruyter, 2010), 275.
10 본문은 다음을 참고하였다. Saint John Chrysostom, *Homilies on Genesis: 1-17*, trans. Robert C. Hill, FC 74 (Washington, D.C.: Catholic University of America Press, 1986).

목적으로 뱀을 이용했다. 이런 내용들은 이미 고대 유대 문헌에서 발견할 수 있었고, 크리소스토무스는 그 내용을 수용한 것이다.

기독교에서 빠질 수 없는 인물인 히포의 아우구스티누스(Aurelius Augustinus Hipponensis, 354-430년)의 작품 중, 388-389년에 마니교도들의 도전에 대한 응답으로 기록한 '마니교도 반박 창세기 해설(De genesi contra Manichaeos)' 2권에도 뱀이 등장한다.[11]

> 뱀은 악마를 상징하는데, 그는 절대로 단순하지 않다. … 실제로 낙원은 앞서 말했듯이 복된 삶을 의미하는데, 그곳에 아직 뱀은 존재하지 않았으니, 그것은 뱀이 이미 악마였기 때문이며, 그들은 진리 안에 머물러 있지 않고 원래의 복된 삶으로부터 타락했기 때문이다.(Gen. Man. 2권 14.20)

> … 사실 처음에 사탄의 유혹은, 생각을 통해서도 그리고 육신의 감각 즉 봄으로써 만짐으로써 들음으로써 맛봄으로써 그리고 냄새 맡음으로써도 행해진다. 또한 유혹이 행해진다고 하더라도 우리의 욕망이 죄짓는 쪽으로 움직이지 않는다면 뱀의 간교함으로부터 멀어지게 된다.(Gen. Man. 2권 14.21)

아우구스티누스는 뱀과 악마, 사탄을 모두 같은 존재로 본다.

---

11 본문은 다음을 참고하였다. 아우구스티누스, 『마니교도 반박 창세기 해설, 창세기 문자적 해설 미완성 작품』, 교부 문헌 총서 31, 정승익 역 (서울: 분도출판사, 2022[Aurelius Augustinus, *De genesi contra Manichaeos, De genesi ad litteram liber imperfectus*]), 201-301.

그의 이 악마의 타락에 관한 설명은 고대 유대 문헌의 전승을 수용한 결과라고 할 수 있다. 이를 통해 아우구스티누스는 하나님의 창조는 선했을 뿐, 악을 창조하지 않았다고 변론했다.

창세기 3장 본문에서 뱀은 사탄이나 악과 아무런 관련이 없다. 하지만 고대 유대 문헌은 사탄을 하늘에서 타락한 존재와 연결한다. 또한 최초의 인류에게 죄를 짓게 만든 원인이었던 뱀을 사탄과 연결시키는 현상도 초대 교부들의 문헌에서 점점 드러난다. 이는 사탄의 수용사에서 언급한 것처럼 공동체의 상황과 이원론의 영향 등으로 나타난 현상이다. 뱀과 사탄의 연결도 같은 맥락에서 일어났다. 그리고 그 영향은 신약성경과 초대 교부들에게도 이어졌다. 그리고 후에는 사탄과 뱀을 동일시하는 것이 자연스러운 현상이 되었다.

제2부

초기 기독교의 축귀

앞 내용에서 본 것처럼 히브리어 사탄(שָׂטָן)은 헬라어 마귀(διάβολος)로 완벽히 대체가 가능하다. 둘은 언어만 다를 뿐 같은 존재였다. 하지만 귀신은 조금 다르다. 신약성경에서 귀신은 헬라어 다이모니온(δαιμόνιον)으로 불리는데, 이들은 사탄의 하수인이다. 귀신이 실질적인 활동을 하고, 사탄은 마지막 순간 중요할 때 등장한다. 물론 예수님에 의해서 완전히 패퇴되지만 말이다.

기독교인들이 그동안 사탄을 어떻게 인식하고 있었는지 알았다면 이제 실질적인 활동을 하는 귀신을 어떻게 인식하고 있었는지를 살펴보는 것도 중요하다. 그들이 사탄과 마귀 그리고 귀신에게 어떻게 반응하면서 신앙생활을 했는지를 연구하는 일은 오늘날 우리에게 어떤 메시지를 전달해 줄 것이다.

초기 기독교에서 귀신을 대하는 방식 중에 가장 중요한 이슈는 '축귀'다. 축귀를 생각하면 왠지 두렵기도 하고, 영화의 한 장면이 떠오르기도 한다. 트웰프트리(Graham H. Twelftree)는 축귀를 다루려면 영적인 존재와 그들과 관련된 악을 먼저 이해해야 한다고 설명한다. 그리고 현대인의 사고에서 귀신의 실체를 밝히려고 노력하기보다는 초기 기독교인들이 처한 문화적 환경에서 나타난 독특한 세계관을 살펴야 한다고 주장한다.[1]

신약성경에서 축귀를 접근하다 보면 어려움이 생긴다. 예수의 활동을 그리는 공관복음에서는 축귀가 사역의 일부분으로 나타나지만, 바울서신에서는 축귀와 예수의 연관성을 거의 언급하지 않기 때문이다. 그래서 기독교 사역에서 축귀의 필요성을 동의하는 부류도 있지만, 그렇지 않은 부류도 있다. 그리고 신약성경에서 축귀는 대부분 귀신 들린 자들에게 행해진 격퇴 행위였다.

---

1 트웰프트리, 『초기 기독교와 축귀 사역』, 이용중 역 (서울: 새물결플러스, 2020[Graham H. Twelftree, *In the Name of Jesus: Exorcism among Early Christians*, Grand Rapids, Mich.: Baker Academic, 2007]), 35-41.

1

예수의 이름으로

초기 기독교 시기에는 '축귀'를 행하는 세 부류의 사람들이 존재했다. 한 부류는 마술을 사용하는 축귀자들이다. 이들은 외부의 능력이나 권위에 의존하여 '마술 기법'으로 축귀를 행했다. 귀신을 쫓아낼 때 마술 기법은 누구나 사용할 수 있었고, 마술사들은 축귀뿐만 아니라 다양한 의식을 행했다. 또 다른 부류인 카리스마적인 마술사들은 마술을 사용하는 축귀자들의 지식과 기술에다 자신들의 힘을 결합해서 축귀를 행했다. 마지막으로, 카리스마적인 축귀자들은 외부의 능력이나 권위 또는 마술 기법들을 사용하지 않았다. 전적으로 축귀자 개인의 힘이나 카리스마로 축귀를 했다.

이런 배경 속에서 초기 기독교인들은 예수를 카리스마적인 마술사들과 유사하다고 간주했을 가능성이 크다. 왜냐하면 예수는 때로는 외부의 능력이나 권위를 의존하기도 하고, 때로는 철저히 자신의 카리스마로 축귀를 행하는 것처럼 보였기 때문이다.[2]

신약성경 시기에 축귀는 유대교뿐 아니라 이교도에도 알려져 있었고 신약성경 이전의 유대 문헌에서도 발견된다.[3] 예수도 다른 축귀자들을 언급한 적이 있다(마 12:27; 눅 11:19). 주변에 널리 알려져 있던 축귀와 초기 기독교의 축귀의 가장 큰 차이점은 기독교인들은 축귀를 "예수의 이름으로" 했다는 것이다.[4] 초기 기독교인들은 예수 아닌 다른 모든 존재가 예수의 아래에 있다고 믿었으며 예수의 이름을 드높이는 일에 앞장섰다. 이는 그들이 믿었던 강력한 유일신론의 영향일 가능성이 크다. 유일신 신앙의 대상은 오직 하나님 한 분이었는데, 예수에게도 동일하게 적용한 것이다.[5]

---

[2] 트웰프트리, 『초기 기독교와 축귀 사역』, 49-80.
[3] 기독교 외 축귀 연구에 관해서는 다음을 참고하라. 크레이그 S. 키너, 『오늘날에도 기적이 일어날 수 있는가? (하)』, 노동래 역 (서울: 새물결플러스, 2022[Craig S. Keener, *Miracles: The Credibility of the New Testament Accounts*, Grand Rapids, MI: Baker Publishing Group, 2011]), 1456-90.
[4] 키너, 『오늘날에도 기적이 일어날 수 있는가? (하)』, 1486-7.
[5] 허타도, 『주 예수 그리스도』, 354.

2

신약성경의 축귀

바울서신에서는 특이할 정도로 축귀 사역을 거의 언급하지 않는다. 바울이 예수의 축귀에 대해서 몰랐을 리는 없을 것이다. 언급하지 않았다고 해서 바울이 축귀자가 아닐 수 있다는 가능성이 있는 것도 아니다. 아니면 축귀에 관해 아예 관심이 없었다는 것을 드러내 주는 증거도 아니다. 아마도 바울이 서신을 통해 공동체에 알리고자 했던 세계관과 달랐기 때문에 언급이 없었을 것이다.[1] 참고로, 베드로전서, 히브리서, 야고보서에서는 축귀를 간략하게 언급만 할 뿐 중요하게 다루지는 않는다.

축귀 기사를 긍정적으로 소개하고 있는 복음서를 보자. 마가에게 축귀는 예수의 사역 초기에 예수의 정체성을 중심으로 한 상

---

1   트웰프트리, 『초기 기독교와 축귀 사역』, 83-115.

당히 중요한 사역이고,² 성령의 능력을 통해 가능한 일이었다. 하지만 마가는 예수 사역 초기의 축귀 사건에는 위상을 부여했지만, 점점 축귀의 중요성을 축소시키다가, 10장 이후로는 축귀를 언급하지 않는다.³

누가는 예수의 축귀 사역을 강조하기는 했으나, 마가가 예수의 사역 초기 때 축귀를 중요하게 여긴 것만큼은 아니었다. 누가는 사역 초기의 강조점을 예수의 가르침에 둔다(눅 4:15). 그리고 이후에 예수의 축귀를 설명한다(눅 4:31-37). 예수의 축귀를 강조했지만, 동시에 예수의 다른 사역들과 함께 균형 있게 다루고 있다. 예수의 축귀를 통해 일어나는 치유는 사탄과 그의 왕국의 패배를 암시하기도 하며, 또한 하나님의 임재와 하나님 나라의 도래와 관련이 있다.⁴

마태는 마가와는 달리 축귀에 강조점을 두지 않으며, 누가처럼 예수의 축귀와 예수의 다른 사역에 균형을 맞추어 설명하지도 않고, 축귀를 복음 전도에 포함된 일부로 본다. 축귀를 분명하게 받아들이지도 않지만, 거부하지도 않다 보니 축귀가 사역 우선순위에서 낮은 편이다.⁵ 마태에게 축귀가 가진 중요한 의미는 누

---

2   Geert van Oyen, "Demons and Exorcisms in the Gospel of Mark", in *Demons and the Devil in Ancient and Medieval Christianity*, eds. Nienke Vos and Willemien Otten, VCSup 108 (Leiden; Boston: Brill, 2011), 99-116.
3   트웰프트리, 『초기 기독교와 축귀 사역』, 149-92.
4   트웰프트리, 『초기 기독교와 축귀 사역』, 193-235.
5   Erkki Koskenniemi, "Miracles of the Devil and His Assistants in Early Judaism and Their Influence on the Gospel of Matthew", in *Evil and the Devil*, eds. Ida Fröhlich and Erkki Koskenniemi, LNTS 481 (London; Newdelhi; New York; Sydney: Bloomsbury, 2013), 84-97.

가처럼 하나님 나라의 도래와 사탄의 멸망을 표현하는 것이다.[6]

한편, 요한복음은 예수의 축귀에 대해 침묵한다. 왜 그럴까? 학자들의 의견이 다양하지만, 그것은 관점이 조금씩 다를 뿐이라고 해석할 수 있다. 요한은 예수의 신적인 모습에 집중하고, 귀신의 영향은 진리로 극복 가능하다고 보았기 때문에 의도적으로 축귀 사역을 언급하지 않았던 것이다.[7]

복음서에 등장하는 예수의 축귀는 하나님의 아들이라는 그의 존재 때문에라도 실패할 수 없는 사역이었다. 그리고 축귀를 행하는 예수라는 존재를 우리가 어떻게 인식해야 하는지를 분명히 보여 준다. 하지만 우리는 예수의 부활 후에 나타나는 축귀 현상을 살펴보아야 한다. 초기 기독교인들이 사탄과 마귀와 같은 악한 영들을 대하는 방식은 오늘날 그리스도인들이 사탄을 어떻게 이해하고 접근해야 하는지를 알려 주기 때문이다.

일단, 초기 교회의 축귀가 어떠했는지 사도행전부터 살펴보자. 사도행전에는 사도들이 행한 다양한 축귀 현상이 기록되어 있다 (행 8:4-8; 16:16-18).

사도들의 손을 통하여 민간에 표적과 기사가 많이 일어나매 믿는 사람이 다 마음을 같이하여 솔로몬 행각에 모이고 그 나머지는 감히 그들과 상종하는 사람이 없으나 백성이 칭송하더라 믿고 주께로 나아

---

6 트웰프트리, 『초기 기독교와 축귀 사역』, 237-62.
7 트웰프트리, 『초기 기독교와 축귀 사역』, 275-310.

오는 자가 더 많으니 남녀의 큰 무리더라 심지어 병든 사람을 메고 거리에 나가 침대와 요 위에 누이고 베드로가 지날 때에 혹 그의 그림자라도 누구에게 덮일까 바라고 예루살렘 부근의 수많은 사람들도 모여 병든 사람과 더러운 귀신에게 괴로움 받는 사람을 데리고 와서 다 나음을 얻으니라(행 5:12-16)

대부분 축귀에 성공하지만, 사도행전 19장에는 축귀에 실패하는 사례가 나온다.

이에 돌아다니며 마술하는 어떤 유대인들이 시험삼아 악귀 들린 자들에게 주 예수의 이름을 불러 말하되 내가 바울이 전파하는 예수를 의지하여 너희에게 명하노라 하더라 유대의 한 제사장 스게와의 일곱 아들도 이 일을 행하더니 악귀가 대답하여 이르되 내가 예수도 알고 바울도 알거니와 너희는 누구냐 하며 악귀 들린 사람이 그들에게 뛰어올라 눌러 이기니 그들이 상하여 벗은 몸으로 그 집에서 도망하는지라(행 19:13-16)

어떤 이들은 바울처럼 예수의 이름을 사용하여 축귀를 해 보려고 시도했다. 아마도 당시에 축귀자들이 천사나 권위 있는 자의 이름을 불러 마술을 사용하던 것처럼 자연스러운 행동이었을 것이다.[8] 마찬가지로, 스게와의 일곱 아들도 바울을 따라 하려고

8 　허타도, 『주 예수 그리스도』, 353.

했으나 실패했다.

　사도행전 본문이 알려 주는 바는 축귀가 축귀자의 능력이 아니라, '예수의 이름'으로 일어난다는 사실이다. 복음서에서는 예수가 권위와 통제력과 능력으로 귀신들에게 명령하고 그들이 떠나가는 사건으로 이미 입증된 바 있다.[9] 예수의 제자들과 바울은 바로 이 이름이 가진 능력 때문에 축귀를 행할 수 있었던 것이다. 그리고 성령 충만했기 때문이었다. 그렇기에 예수의 이름으로 행할 때 역사가 일어날 수 있었다. 이는 당시 마법을 행하는 자들의 행동과 대비된다. 사도행전 19장에 나오는 사람들은 단순히 예수의 이름으로 주문을 외우면 축귀가 실행되는 줄 알았다. 하지만 그들의 기대와 달리 귀신 들린 자들에게 오히려 공격을 받는다.

　사도행전은 성령이 충만한 기독교인들을 통해서 일어난 축귀와 아무것도 일어나지 않은 마법사들의 마법이 구별될 수밖에 없음을 강조한다.[10] 이 사건 후의 기록을 보면 능력을 행한 바울이 아닌 하나님의 이름이 높아진다.

　에베소에 사는 유대인과 헬라인들이 다 이 일을 알고 두려워하며 주

---

[9] Susanna Asikainen, *Jesus and Other Men: Ideal Masculinities in the Synoptic Gospels*, BibInt 159 (Leiden; Boston: Brill, 2018), 48.
[10] Craig S. Keener, *Acts*, New Cambridge Bible Commentary (Cambridge, United Kingdom: Cambridge University Press, 2020), 474; Hans Conzelmann, *Acts of the Apostles*, trans. James Limburg, A. Thomas Kraabe land Donald H. Juel, Hermeneia (Philadelphia: Fortress Press, 1987 [*Die Apostelgeschichte*, Aufl. 2, Handbuch zum Neuen Testament 7, Tübingen: Mohr Siebeck, 1972]), 163.

예수의 이름을 높이고 믿은 사람들이 많이 와서 자복하여 행한 일을 알리며 또 마술을 행하던 많은 사람이 그 책을 모아 가지고 와서 모든 사람 앞에서 불사르니 그 책 값을 계산한즉 은 오만이나 되더라 이와 같이 주의 말씀이 힘이 있어 흥왕하여 세력을 얻으니라(행 19:17-20)

3

교부 문헌

　니케아 공의회 전의 교부 문헌에도 축귀에 대한 내용이 나온다.[1] 주후 1-3세기 초기 기독교인들에게 축귀는 예배(권위 있는 텍스트 낭독, 설교, 찬양, 기도, 성찬) 등과 더불어 안수, 헌금 등과 같이 공동 모임에서 행하는 고정된 의식의 하나였기 때문에 중요성에 있어서 빠질 수 없었을 것이다.[2] 3세기 중엽의 문헌들에서는 새롭게 생겨난 직분 중에 '구마사'가 있음이 언급된다.[3] 즉 축귀에 관한 관심이 사라지지 않은 것이다. 하지만 몇 개의 문헌은 요한복음처럼 축귀가 아닌 방법으로 귀신을 제어하고 물리치는 방법을 소개한다.

1　본문은 다음을 참고하였다. Schaff, *Ante-Nicene Fathers*.
2　Valeriy A. Alikin, *The Earliest History of the Christian Gathering: Origin, Development and Content of the Christian Gathering in the First to Third Centuries*, VCSup 102 (Leiden; Boston: Brill, 2010), 275-6, 283, 288.
3　샤프, 『교회사전집 2: 니케아 이전의 기독교』, 139.

안디옥의 이그나티우스의 서신에는 당시 교회 공동체에 위협이 되는 거짓 교사들의 활동을 염려하는 주제가 많이 담겨 있다. 거짓된 가르침의 주요 논지는 예수가 육신으로 온 것을 믿지 않는 것과 성찬을 받지 말라는 것이었다.[4] 이그나티우스가 서머나에서 쓴 '에베소에 보내는 서신'에서는 성찬과 관련하여 사탄을 언급한다.[5]

> 그러고 나서, 자주 함께 모여서 하나님께 감사를 드리며, 하나님께 찬양을 드려라. 너희가 같은 곳에 자주 모이면, 사탄의 권능이 무너지고, 사탄이 목표로 하는 멸망은 너희의 믿음의 단결로 막을 수 있기 때문이다.(Ign. *Eph*.13)

그는 사탄을 이길 수 있는 힘은 신앙으로부터 나오지만 그 신앙에 있어 성찬이 중요한 요소임을 강조하고 있다.

주후 2세기 초반의 문헌들은 신기하게도 축귀에 대해서 거의 다루지 않는다. 그렇다고 해서 귀신 세력이 없는 것처럼 여기지는 않았다. 유스티누스는 트리포와의 대화 30장과 76장 그리고 85장에서 본디오 빌라도에 의해 십자가에 못 박히신 '예수 그리스도의 이름'으로 악마가 쫓겨났다고 언급한다.[6] 또한 주후 150

---

4 곤잘레스,『기독교 사상사 1』, 92-5.
5 Schaff, *Ante-Nicene Fathers*, 1:55.
6 Schaff, *Ante-Nicene Fathers*, 1:209, 236-7, 241.

년대 말에 제1변증서를 기록한 직후에 바로 기록했을 제2변증서에도 같은 내용이 나온다.[7]

> … 우리는 그분을 돕는 자와 구속자라 부르나니 그 이름의 권능은 악마들(demons)도 두려워한다. 오늘날 유대 총독 본디오 빌라도 아래에서 십자가에 못 박힌 예수 그리스도의 이름으로 쫓겨날 때, 그들은 정복당했다.(Dial. 30)
> 전 세계와 당신의 도시에 있는 수많은 귀신 들린(possessing devils) 자들을 위해 많은 기독교인이 예수 그리스도의 이름으로 귀신들(demoniacs)을 내쫓았다. 그 예수 그리스도는 본디오 빌라도에 의해 십자가에 못 박히셨다. 그분은 많은 이를 치유하셨고 지금도 치유하시며 가난한 자들에게 나누어 주셨고 주문과 약을 사용하는 축귀사들이 쫓아내지 못한, 사람들 안에 있는 귀신들을 쫓아내셨다.(2 Apol. 6)

권위자의 이름을 사용하여 귀신을 쫓는 행위는 기독교나 비기독교 사이에 별다른 차이가 없는 것 같다. 하지만 유스티누스가 말한 축귀는 특정 방법이나 공식에 의해 일어나는 현상이 아니었다. 능력의 원천이신 예수와 축귀자의 연합을 통한 축귀다.[8] 그러므로 십자가에 못 박히신 예수를 믿지 않는 자가 예수의 이름을 사용하면 축귀가 절대 일어나지 않는다.

---

7 Schaff, *Ante-Nicene Fathers*, 1:190.
8 트웰프트리, 『초기 기독교와 축귀 사역』, 368.

유스티누스의 제자였고, 주후 2세기에 활동한 시리아의 타티아누스(Tatian the Assyrian, 110-172년)는 '헬라인에게 보내는 글(Oratio ad Graecos)'에서 악마의 능력이 아무것도 아님을 다음과 같이 말했다.[9]

… 그들(Demons)은 하나님의 말씀과 맞닥뜨렸을 때, 공포에 질려 황급히 떠나고, 환자들은 병이 낫는다.(Or. Graec.16)

저작 시기를 명확히 알 수는 없지만 일반적으로 주후 130-140년으로 추정되는 '헤르마스의 목자(Shepherd of Hermas)'의 일곱 번째 계명에서는 마귀를 물리칠 수 있는 방법을 언급한다.[10]

그가 (계속) 말하였다. "주님을 경외하고 그분의 계명을 지켜라. 네가 하느님의 계명을 지킨다면 너의 모든 행실은 힘있고 비할 데 없을 것이다. 주님을 경외하면 네가 모든 일을 올바르게 할 것이기 때문이다. 이는 네가 구원받기 위하여 품어야 하는 경외이다. 그러나 마귀를 두려워하지 마라. 네가 주님을 경외한다면 마귀를 굴복시킬 것이다. 마귀에게는 능력이 없기 때문이다. 능력이 없는 이는 두려움을 불러일으키지 않는다. 이와 달리 뛰어난 능력이 있는 이를 경외해야 한

---

9 Schaff, *Ante-Nicene Fathers*, 2:72.
10 본문은 다음을 참고하였다. 헤르마스, 『목자』, 교부 문헌 총서 14, 하성수 역 (서울: 분도출판사, 2002[Hermas, *Poimēn tou Herma*, trans. A. Lindemann and H. Paulsen, Tübingen: J.C.B. Mohr (Paul Siebeck), 1992])

다. 능력이 있는 모든 이는 경외를 불러일으키지만 능력이 없는 이는 모든 사람에게 무시당할 것이다. 그러나 마귀의 행위들을 두려워하여라. 그것들은 악하기 때문이다. 네가 주님을 경외한다면 마귀의 행위들을 두려워할 것이고, 그것들을 행하지 않고 멀리할 것이다.(Herm. Mand. 37.1-3)

열두 번째 계명에도 유사한 내용이 나온다.

그러므로 죄 때문에 삶을 포기하여 죄를 더 짓고 자신의 삶을 짓누르는 너희는 하느님을 믿어라. 너희가 온 마음으로 주님께 회개하고 너희의 여생 동안 의를 행하며 그분의 뜻에 따라 그분을 올바로 섬긴다면, 그분께서는 너희가 전에 지은 죄들을 고쳐 주실 것이며, 너희는 마귀의 행위들을 다스릴 능력을 가지게 될 것이다. 마귀의 위협을 결코 두려워하지 마라. 그는 시체의 힘줄처럼 힘이 없기 때문이다.(Herm. Mand. 49.2)

이 문헌에서는 주님을 경외함이 마귀를 굴복시키는 것이라고 분명하게 밝히고, 주님을 경외한다는 것은 계명을 지키며 행실을 올바르게 하는 것이라고 말한다. 주님의 뜻을 따라 사는 것은 마귀가 위협을 가하지 못할 가장 중요한 행동이다.

3세기에 활동한 키프리아누스(Thascius Caecilius Cyprianus, 200년?-258년)는 카르타고의 세례 지원자들을 가르치기 위해 썼던 '퀴리누스에게(To Quirinus: Testimonies Against the Jews)' 3권에서 중요한 언급을 한다.[11]

…"그는 근본 하나님의 본체시나 하나님과 동등됨을 취할 것으로 여기지 아니하시고 오히려 자기를 비워 종의 형체를 가지사 사람들과 같이 되셨고 사람의 모양으로 나타나사 자기를 낮추시고 죽기까지 복종하셨으니 곧 십자가에 죽으심이라 이러므로 하나님이 그를 지극히 높여 모든 이름 위에 뛰어난 이름을 주사 하늘에 있는 자들과 땅에 있는 자들과 지옥에 있는 것까지(개역개정: 땅 아래 있는 자들로) 모든 무릎을 예수의 이름에 꿇게 하시고 모든 입으로 예수 그리스도를 주라 시인하여 하나님 아버지께 영광을 돌리게 하셨느니라(빌 2:6-11)." 요한복음에 따르면 이와 같은 내용을 다음과 같이 설명한다. "내가 주와 또는 선생이 되어 너희 발을 씻었으니 너희도 서로 발을 씻어 주는 것이 옳으니라 내가 너희에게 행한 것같이 너희도 행하게 하려 하여 본을 보였노라(요 13:14-15)." (Test. 3.39)

키프리아누스는 세상에서 활동하는 마귀의 존재를 인정하면서, 세례 지원자들이 마귀와 맞서 싸우는 것에 관해 언급할 때 위와 같이 말했다. 그는 원문에 있는 '땅 아래(καταχθόνιος)'라는 단어를 '지옥의(infernal)'로 해석하였다. 예수가 십자가 위에서 죽음으

---

11 Schaff, *Ante-Nicene Fathers*, 5:545.

로써 하나님께서는 하늘, 땅, 지옥에 있는 것까지 예수의 이름에 무릎을 꿇게 하시고, 예수를 주님으로 시인하게 하셨다. 키프리아누스는 십자가 사건이 예수의 섬김과 관련 있고, 예수의 섬김은 곧 우리에게 똑같이 요구되는 사항이라고 요한복음의 본문으로 설명한다. 십자가 사건으로 증명되는 예수의 섬김은 지옥의 모든 존재를 굴복시켰다. 그러므로 우리는 예수의 섬김을 따라 살 때 지옥의 존재인 사탄, 마귀와 같은 악한 영들과 싸워 승리할 수 있다. 즉 세례 지원자가 된다는 것은 예수를 따르는 자로 산다는 것이고, 이것은 키프리아누스에게 가장 중요한 주제였다.[12]

샤프는 『교회사전집』에서 주후 3-4세기에 활동했던 사막 교부 중 한 명인 성 안토니우스(Anthony the Great 또는 Antony the Great, 251년경-356년경)의 글을 일부 인용한다. "마귀는 금식과 기도와 겸손과 선행을 무서워합니다."[13] 마귀가 신앙과 이를 드러내는 행실을 함께 강조하는 경건한 생활을 두려워하고 있다는 것이다.

위에서 살펴본 문헌들에서는 축귀를 초기 기독교인들의 가장 중요한 사역으로 언급하지는 않았다는 공통점이 있다. 그렇다면 그들은 무엇에 더 집중했을까?

---

[12] 앨런 크라이더, 『초기 교회와 인내의 발효: 로마 제국 안에 뿌리 내린 초기 기독교의 성장 비밀』, 김광남 역 (서울: IVP, 2021 [Alan Kreider, *The Patient Ferment of the Early Church: The Improbable Rise of Christianity in the Roman Empire*, Grand Rapids, MI: Baker Academic, 2016]), 276.

[13] 필립 샤프, 『교회사전집 3: 니케아 시대와 이후의 기독교』, 이길상 역 (고양: 크리스챤다이제스트, 2009 [Philip Schaff, *History of the Christian Church 3, Nicene and Post-Nicene Christianity: From Constantine the Great to Gregory the Great*, 3rd ed., New York: C. Scribner's Sons, 1912]), 176.

초기 기독교인들은 복음이 전파되는 것을 방해하고, 그리스도인들이 하나님의 말씀대로 살지 못하게 하려는 사탄의 목표를 막으려고 함께 모여 예배했을 것이다. 예수가 귀신도 내쫓으셨지만 가난한 자들도 먹이셨던 것처럼 나누며 살았을 것이다. 인간으로 오신 예수가 죽기까지 섬김의 삶을 살았고, 부활 후에 땅 아래 있는 자들도 무릎 꿇게 한 것처럼 우리도 섬김의 삶을 살라고 한 말씀에 집중했을 것이다. 마귀가 가장 무서워하는 것이 그들이 예수를 따라 행함임을, 마귀를 쫓아낼 수 있는 가장 중요한 방법이 하나님을 경외하며 말씀을 따라 사는 것임을 알았기에 그것에 집중했을 것이다.

헹엘(Martin Hengel)이 연구한 것처럼 주후 2-4세기 기독교인들은 교회 공동체 내부뿐만 아니라, 외부의 경제적으로 어려운 이들을 향해 적극적으로 자선을 행했다. 그래서 기독교인들에 대한 호감도가 더욱 상승하였다. 다른 종교 공동체나 어떤 모임에서도 이렇게 행하지 않았기에 그들의 구제는 더욱 눈에 띌 수밖에 없었다.[14] 이와 같은 증거로 본다면 초기 기독교는 마법적이고 주술적인 행위가 아닌, 예수의 말씀과 행동을 좇아 사는 것을 통해 사탄을 물리치고 있었음을 알 수 있다. 이것이 초기 기독교에서 행한 축귀의 핵심이다.

---

14 마르틴 헹엘, 『초기 기독교의 사회경제사상』, 이영욱 역 (서울: 감은사, 2020 [Martin Hengel, *Eigentum und Reichtum in der frühen Kirche: Aspekte einer frühchristlichen Sozialgeschichte*, Tübingen: Mohr Siebeck, 2005]).

결론

행함으로 믿음을 보이라

약 2:18

결론

행함으로 믿음을 보이라

약 2:18

성전 파괴와 디아스포라 경험은 사탄의 개념을 수용하는 이해에 상당한 영향을 미쳤다. 가장 중요한 변화는 사탄을 인격화된 모습으로 바라보게 된 것이다. 본서에서는 구약성경부터 중간기 유대 문헌으로 이어지는 인격화된 사탄의 발전 과정을 개념사적으로 살펴보았다. 이후, 초기 기독교와 유대교가 처한 상황에 따라 서로 다른 모습으로 사탄의 개념을 수용하는 양상이 나타나는 것을 확인했고, 두 종교 간의 투쟁 속에서 자신들의 정체성을 새롭게 형성해 나가는 과정이 있었다는 것을 파악했다.

구약성경에서 인격화된 모습으로 나타난 사탄이 중간기 유대 문헌에서는 악과 더욱 긴밀해졌고, 이원론적 개념과 연결되었다. 중간기 유대 문헌의 저자들은 세상에 들어온 악의 기원을 파악하려고 시도했다. 그중 에녹1서, 희년서, 열두 족장의 유언과 같은 문헌들은 감시자들의 타락 모티브를 사용했다. 또, 이원론을 활용하여 악의 원인을 사탄에게 부여했고, 선과 악의 지속적인 전쟁에 대해서도 설명했다. 헬레니즘으로 큰 위기를 경험했던 중간기 유대 문헌의 저자들은 자신들이 당하는 고난을 악으로 여겼다. 그러나 그들은 악을 설명하는 것에서 멈추지 않고, 그들과 민족이 함께 당하고 있는 현재의 위기를 극복하고, 민족에게 희망의 메시지를 주려고 노력했다. 사탄이 권세를 잡고 있는 것처럼 보이지만 언젠가 멸망하리라는 메시지를 통해 지금의 위기가 끝날 것이라고 선언했다. 그들은 이원론을 사용했지만, 구약성경부터 이어지던 일원론도 포기하지 않고 유지하고 있었다. 그래서 사탄을 여전히 일원론에 갇혀 있는 존재로 이해했다.

기독교 문헌에서는 구약성경에서 유대 문헌으로 이어지는 사탄의 이야기가 자연스럽게 발전되고 있다. 그리고 각 공동체는 상황에 맞게 사탄에 대해 새롭게 해석해 나갔다. 신약성경에서 사탄은 예수를 메시아로 믿는 초기 기독교인들의 정체성과 관련이 있었다. 그들은 예수를 메시아로 믿지 않거나, 예수에게 반대하는 행위들을 모두 사탄과 연결해서 해석했다. 니케아 공의회 이전의 초대 교부들은 신약성경까지 이어져 내려온 사탄의 개념을 그대로 수용하였다. 그들이 처한 상황이 신약성경의 내용과 다르지 않았기 때문이다. 그들은 신약성경처럼 예수를 삶의 핵심에 두었다. 그래서 하나님의 대적인 사탄을 예수와 복음을 반대하는 자들이자 그 배후에 있는 존재로 여겼다. 또한 순교가 일어날 정도의 심한 박해를 받기도 했기에 묵시적 이원론을 사용해서 언젠가는 사탄이 반드시 몰락할 것이라는 기대를 품었다. 하지만 선과 악이 모두 하나님의 주관하에 있다는 일원론도 포기하지 않았다.

유대 문헌은 기독교 문헌의 흐름과는 달랐다. 이원론이 사라지고, 사탄의 또 다른 수용과 재해석이 이루어졌기 때문이다. 초기 랍비 유대교는 앞선 유대 문헌의 자료 수용을 거부한 것처럼 보였다. 그들은 구약성경에 나타난 사탄의 기능적인 의미만을 받아들였다. 새로운 정체성을 확립해야 했기 때문이다. 초기 랍비 유대교는 중간기 문헌의 사탄 수용을 통해 일원론과 수정된 이원론을 동시에 가졌던 초기 기독교와 달리 구약성경만 수용하여 일원론을 고수했다. 그들은 이런 수용의 결과를 바탕으로 앞선 유대교, 초기 기독교와는 다른 정체성을 가진 집단으로 형성되었다.

기독교 문헌과 유대 문헌은 모두 죄의 기원에 대해서는 명확한 설명을 하지 않는다. 그리고 악한 성향을 토라로 극복할 수 있다는 유대 문헌의 희망의 메시지는 사탄이 하나님에 의해 반드시 몰락하게 된다는 기독교 문헌의 희망의 메시지와 유사점이 있어 보이기도 한다.[1] 하지만 초기 기독교와 초기 랍비 유대교 사이의 사탄의 개념 수용과 이해에는 차이가 있다. 초기 기독교와

---

1 Porter, "The Yecer Hara: A Study in the Jewish Doctrine of Sin", 123.

유대교를 구별하는 중심에는 예수를 메시아로 인정하는지의 여부가 있었고, 이로 인해 두 종교 사이에서 투쟁이 일어났다. 초기 기독교인들은 예수를 믿는 것으로 인해 유대인들, 로마 제국, 거짓 교사들과 끊임없이 투쟁을 해야만 했다. 신약성경의 저자들과 초대 교부들은 구약성경에서 예언한 메시아가 바로 예수라고 믿었다. 이 신앙으로 자신들의 정체성을 세운 초기 기독교는 예수를 메시아로 믿지 않거나, 믿는 것을 방해하는 모든 일이 사탄과 관련이 있다고 여겼다.

그러나 유대인들은 예수를 메시아로 인정하지 않았을 뿐 아니라 하나님과 동등한 존재로 보지도 않았다. 그리스도의 선포를 유대교 입장에서는 신성 모독, 이단적 사상처럼 받아들였다.[2] 그리고 기독교가 공인된 후, 소수 종교로 전락하고 종교적 탄압을 받게 된 유대인들은 기독교를 견제하게 되었다. 그래서 그들은 초기 기독교인들이 받아들인 사탄의 개념이 아닌 구약성경의 개념만 수용하였고, 초기 기독교가 받아들인 묵시적 이원론을 거부했다. 기독교 문헌에서는 인격화된 사탄을 통해 세상에 악이 들어왔다고 설명하는 데 반해 유대인들은 인간의 악한 성향이 세상에 악을 퍼트린다고 보았다. 이렇게 초기 기독교와 초기 랍비 유대교는 경쟁 구도 속에서 선택적 사탄 수용을 통해 자신들의 정체성을 세웠다.

---

2   에브너, 슈라이버, 『신약성경 개론』, 332.

그렇다면 오늘날 우리는 사탄, 마귀, 귀신과 같은 악한 영들을 어떻게 이해해야 하며, 어떻게 대해야 할까? 초기 기독교인들이 행했던 축귀를 어떻게 이해해야 할까? 오늘날 한국의 상황에서 그 질문에 대한 답을 찾아보아야 한다.

19세기 후반부터 20세기 초반까지의 초기 한국 기독교의 축귀를 연구한 옥성득에 따르면, 서구 선교사들은 한국의 민속 종교와 샤머니즘을 공격했지만, 한편으로는 축귀를 기독교식으로 인정하고 받아들였다. 그 당시 우리 조상들은 질병과 재난 등의 다양한 이유로 항상 불안해하며 살았고, 이런 일들이 일어나는 이면에는 귀신이 있다고 믿었다. 그래서 무당들이 굿을 통해 신령의 분노를 잠재웠고, 판수[3]는 악령을 쫓아냈다. 선교사들이 와서 다양한 약품으로 질병을 치료해 주자 우리 조상들은 자신들이 모르는 축귀 방법을 선교사들이 알고 있다고 오해했다. 이에 선교사들은 한국인들의 샤머니즘을 제거하려고 노력했다. 이렇게 서로 완전히 다른 세계관을 가지고 있었다.[4]

서구 사회는 계몽주의와 르네상스를 거치며, 산업 혁명과 과학 발전이 일어나면서, 초자연주의적 세계관을 거부하고, 자연주의적 세계관을 받아들여, 그래서 초자연적인 존재들에 관한 이야기들을 대부분 미신적인 것으로 평가했다. 우리나라에 들어온

---

3 점치는 일이 직업인 맹인 남자.
4 옥성득, 『한국 기독교 형성사』(서울: 새물결플러스, 2020[Sung-Deuk Oak, *The Making of Korean Christianity: Protestant Encounters with Korean Religions, 1876-1915*, Studies in World Christianity, Waco: Baylor University Press, 2013]), 279-342.

선교사들은 당연히 이런 영향하에 있었다. 하지만 한국인들은 정령 숭배가 남아 있는 초자연적 세계관을 가지고 있었기 때문에 영적인 존재들을 바라보는 시각이 서로 다를 수밖에 없었다.[5] 이런 현상을 게일(James Scarth Gale) 선교사의 글에서 확인할 수 있다. 그는 자신과 같은 서구인들은 사람에게 귀신이 들린다는 사실 자체를 의심하지만, 한국인들은 자신들이 소개하는 예수가 정말로 마귀를 쫓아낼 수 있는지에 관심이 있다고 언급한다.[6] 하지만 서로 다른 양쪽의 세계관에는 점점 변화가 일어난다.

선교사들은 귀신 숭배에 사용된 우상이나 주물을 파괴하거나 태웠다. 질병과 귀신의 연관성이 없음을 알리고자 침, 위생적인 환경, 약, 수술 등을 적극적으로 활용해서 병든 자들을 낫게 했다. 이에 한국인들은 질병이 귀신 들림 때문이 아님을 조금씩 알아 가기 시작했다. 그들의 세계관이 변화를 겪고 있었다.

반면에 선교사들은 축귀의 필요성을 인정하지 않았지만 여러 선교사의 보고서에는 축귀가 실제적으로 좋은 영향력을 미쳤다는 내용이 적혀 있었다. 기도와 찬양 등은 귀신 들린 자들, 병든 자들을 낫게 하였고, 이 소식을 들은 많은 이가 교회로 몰려와서 예수를 믿게 되었다. 귀신과 축귀자 사이의 대화라든지, 귀신 들린 자들의 행동, 사람들에게서 귀신이 나가는 일들은 신약성경

---

5 장남혁, "초기 개신교 내한 선교사들의 영적 세계관 영적 존재에 대한 실체적 인식을 중심으로", 『선교신학』 19 (2008): 249-60.

6 James S. Gale, *Korea in Transition* (Nashville, Tenn.; Dallas, Texas: Publishing House of the Methodist Episcopal Church, South; Smith & Lamar, Agents, 1909), 152-3.

에 나온 사건들과 매우 유사했다. 결국 선교사들은 축귀 사역을 받아들이고 초기 기독교인들과 같이 축귀를 행하는 것을 인정했다. 게일은 이런 현상을 다음과 같이 밝힌다.[7]

"우리는 이 세상에 참으로 귀신들이 있으며 예수가 그들을 몰아낼 수 있음을 깨닫게 되었다. 우리는 성경이 진리인 것과 하나님이 배후에 계신다는 것을 다시 한 번 배웠다."

축귀가 축귀자들 개인이 가진 능력이나 영향력으로 말미암아 일어난다고 생각할 수도 있지만 그렇지 않다. 이면에는 귀신 들린 자의 치유를 위해 기독교 신자들이 모여 장시간 또는 장기간으로 집회를 열어 기도한 사실이 있음을 기억해야 한다.[8] 그들은 성령의 역사를 기대하며 기도했고 축귀자를 통해 그 일이 나타난 것뿐이다. 그리고 축귀는 단시간에 일어날 수도 있었지만, 상당한 시간이 필요하기도 했다.

키너(Craig. S. Keener)는 현대에도 전 세계에서 신들림과 축귀 현상을 많이 목격할 수 있음을 다양한 사례로 설명한다. 그리고 그 현상을 바라보는 인류학자, 선교학자들의 입장도 밝힌다.[9]

초기 기독교인들은 '예수의 이름'으로 세례를 베풀었고, 치유

---

7 Gale, *Korea in Transition*, 89.
8 옥성득, 『한국 기독교 형성사』, 339.
9 키너, 『오늘날에도 기적이 일어날 수 있는가? (하)』, 1491-617.

를 행했으며, 함께 모여 예전을 행하며 간구할 때마다 그 이름을 불렀다. 또한 '축귀'를 행할 때도 그 이름을 내세웠다.[10] 그만큼 '예수의 이름'은 중요했다. 그러나 사도행전 19장에서 보듯이 예수와 관련이 없는 자들에게는 그 이름이 아무런 의미가 없었다. 예수를 믿고, 성령이 충만한 자들에게만 예수의 이름이 능력이 되었다. 초기 기독교에서도, 초대 교부들의 시대에도, 초기 한국 기독교에서도 그 사실이 분명히 드러났다. 예수의 이름으로 일어난 기적과도 같은 축귀 사역의 결과로 기독교는 폭발적으로 부흥했고, 축귀는 전도와 선교 전략에 적극 활용되었다.[11] 초기 기독교인들에게도 축귀는 중요한 사역이었고, 교회사적으로 높은 평가를 받은 것도 부정할 수 없다.[12]

자, 그렇다면, 지금 우리도 구마 사제들처럼 "Vade retro satana!(사탄아 물러가라!)"를 외치는 것이 중요할까? 우리는 초기 그리스도인들의 신앙에서 특정 방법이나 구호 등으로 축귀를 행하는 일들이 점점 축소되었음에 주목해야만 한다. 초기 그리스도인들이 왜 '예수의 이름으로'를 외치는 축귀에서 예수의 말씀을 따라 살아가는 방법으로 점차 바꾸어 사탄을 물리쳤는지 생각해 보

---

10 허타도, 『주 예수 그리스도』, 639.
11 Adolf von Harnack, *The Expansion of Christianity in the First Three Centuries*, trans. James Moffatt, Theological Translation Library 19 (London; New York: Williams & Norgate; Putnam, 1904[*Die Mission und Ausbreitung des Christentums in den ersten drei Jahrhunderten* 1, Leipzig: J. C. Hinrichs, 1902]), 160.
12 Ramsay MacMullen, *Christianizing the Roman Empire* (New Haven: Yale University Press, 1984), 27; Christine Trevett, *Montanism: Gender, Authority, and the New Prophecy* (Cambridge: Cambridge University Press, 1996), 157.

자. 그들은 사탄을 물리치기 위한 중요한 방법은 예수가 남긴 말씀의 핵심이 무엇인지를 기억하고 행하는 것이라고 믿었다. 그리고 실제로 그렇게 행했더니 사탄이 떠나감을 경험했다. 축귀자가 특정 방법이나 구호 등으로 행하는 축귀는 눈에 보이는 일이다. 누구나 명확하게 확인할 수 있는 현상이다. 초기 기독교인들은 '예수의 이름으로' 축귀를 행하는 것이 기독교의 핵심 사역이라고 생각하지 않았을 것이다. 오히려 그들은 예수의 말씀을 따라 사는 일에 힘쓰며 눈에 보이는 현상에 주목하지 말라고 한 예수의 말씀을 기억하며 사탄을 상대하지 않았을까? 그들은 예수가 친히 제자들에게 보여 주며, 똑같이 살아야 한다고 명령한 모습은 어떤 능력을 나타내는 것이 아니라 제자들의 발을 씻긴 섬김(요 13:14-15)이었음을 기억하고, 그대로 살려고 노력했다. 진정으로 따르고 받아들여야 하는 참복음이 무엇인지 정확히 알고 있었던 것이다. 또한 그렇게 할 때 사탄이 떠나간다는 것도 알게 되었다.

우리도 한국 땅에서 축귀의 역사가 일어났음을 알고 있고, 지금도 그 일이 일어날 수 있음을 믿는다. 하지만 과거 초기 기독교인들의 경험에 비추어 우리도 다음 단계로 넘어가야 한다. 예수와 바울과 사도들과 교부들 그리고 한국에 온 선교사들까지도 사탄, 마귀와 같은 악한 영들을 실제로 존재하는 영적 대상으로 받아들였다.[13] 그들은 언제나 사탄이 하나님의 사역과 그리스도인의 삶을 공격할 준비를 하고 있음도 경고했다. 그리고 초기에는 축귀로 사탄을 물리쳤고, 후에는 삶으로 사탄의 공격을 막아 내고 몰아내며 치열하게 살았다.

악한 영들의 공격은 지금도 우리에게 일어나고 있다. 우리의 내면을 공격하여 하나님으로부터 멀어지게 하고, 믿음의 공동체를 파괴하며, 하나님의 사역을 방해한다. 다만, 우리는 이제 그 공격을 막아 내고 승리하기 위해 축귀의 시대를 넘어 예수를 좇으며 살아가야 한다. 앞에서 살펴본 것처럼, 영적 전쟁이 하나의 의식에서 일상을 살아 내는 것으로 점점 바뀌어 갔듯이, 진정한 영적 전쟁은 우리의 삶의 자리에서 예수의 말씀을 따라 살기 위해 치열하게 몸부림치는 싸움이어야 할 것이다. 그럴 때마다 사탄은 우리를 두려워할 것이다. 그리고 그 삶은 모든 사탄의 공격에서 승리할 수 있는 가장 중요한 무기가 될 것이다. 초기 그리스도인들과 초대 교부들은 사탄과 마귀와 같은 악한 영들을 하나님에 의해 결국은 패배할 존재로 이해했고, 그 사실은 지금도 변함없다. 이미 이긴 싸움을 싸우는 그리스도인들이여! 당당히 행함으로써 믿음을 보이자!

---

13 특히, 바울 서신에서 나타난 실재하는 영적 악한 존재들에 관한 연구는 다음을 참고하라. 클린턴 E. 아놀드, 『영적 전쟁: 바울 서신으로 본 사탄과 악한 영들』, 길성남 역 (고양: 이레서원, 2020[Clinton E. Arnold, *Powers of Darkness: Principalities and Powers in Paul's Letters*, Downders Grove, IL: InterVarsity Press, 1992]).

어떤 사람은 말하기를 너는 믿음이 있고 나는 행함이 있으니 행함이 없는 네 믿음을 내게 보이라 나는 행함으로 내 믿음을 네게 보이리라 하리라 네가 하나님은 한 분이신 줄을 믿느냐 잘하는도다 귀신들도 믿고 떠느니라(약 2:18-19)

참고문헌

Aitken, W. E. M. "Beelzebul." *JBL* 31, no. 1 (1912): 34-53.

Albright, William Foxwell. *From the Stone Age to Christianity: Monotheism and the Historical Process.* 2nd ed. Garden City, N.Y.: Doubleday, 1957.

Alikin, Valeriy A. *The Earliest History of the Christian Gathering: Origin, Development and Content of the Christian Gathering in the First to Third Centuries.* VCSup 102. Leiden; Boston: Brill, 2010.

Allan, Nigel. "The Identity of the Jerusalem Priesthood during the Exile." *HeyJ* 23, no. 3 (1982): 259-69.

Andersen, F. I. "2 (Slavonic Apocalypse of) Enoch." In *OTP 1*, edited by Charlesworth, James H., 91-221. Garden City, New York: Doubleday, 1983.

―――. *Job.* TOTC. London: Inter-Varsity Press, 1976.

Asikainen, Susanna. *Jesus and Other Men: Ideal Masculinities in the Synoptic Gospels.* BibInt. Leiden; Boston: Brill, 2018.

Barker, Margaret. "The Two Figures in Zechariah." *HeyJ* 18, no. 1 (1977): 38-46.

Barr, James. "The Question of Religious Influence: The Case of Zoroastrianism, Judaism, and Christianity." *JAAR* 53, no. 2 (1985): 201-35.

Bautch, Kelley Coblentz. "The Fall and Fate of Renegade Angels: The Intersection of Watchers Traditions and the Book of Revelation." In *The Fallen Angels Traditions.* Harkins, Angela Kim, Bautch, Kelley Coblentz, Endres, John C. CBQMS 53, 69-93. Washington, DC: Catholic Biblical Association, 2014.

Bhayro, Siam, Rider, Catherine, eds. *Demons and Illness from Antiquity to the Early-Modern Period.* Magical and Religious Literature of Late Antiquity 5. Leiden; Boston: Brill, 2017.

Blomberg, Craig L. *Matthew.* NAC 22. Nashville: Broadman Press, 1992.

Boda, Mark J. *The Book of Zechariah*. NICOT. Grand Rapids, Mich.; Cambridge, U. K.: Eerdmans, 2016.

―――. *Haggai, Zechariah*. The NIV Application Commentary. Grand Rapids, Mich.: Zondervan, 2004.

Breytenbach, C., Day, P. L. "*Satan.*" *DDD*. 2nd ed. Leiden; Boston; Köln: Brill, 1999.

Bunta, Silviu N. "Dreamy Angels and Demonic Giants: Watcher Traditions and the Origin of Evil in Early Christian Demonology." In *The Fallen Angels Traditions*. Harkins, Angela Kim, Bautch, Kelley Coblentz, Endres, John C. CBQMS 53, 116-38. Washington, DC: Catholic Biblical Association, 2014.

Carroll, John T. *Luke*. NTL. Louisville, KY.: Westminster John Knox Press, 2012.

Charles, R. H. *The Apocrypha and Pseudepigrapha of the Old Testament in English: With Introductions and Critical and Explanatory Notes to the Several Books*. 2 vols. Oxford: Clarendon Press, 1913.

Charlesworth, James H. *The Good and Evil Serpent: How a Universal Symbol Became Christianized*. AYBRL. New Haven: Yale University Press, 2010.

―――, ed. *John and Qumran*. London: Geoffrey Chapman, 1972.

―――. "Lady Wisdom and Johannine Christology." In *Light in a Spotless Mirror: Reflections on Wisdom Traditions in Judaism and Early Christianity*. Charlesworth, James H., Daise, Michael A. Faith and Scholarship Colloquies. Harrisburg; London; New York: Trinity Press International, 2003.

Chrysostom, Saint John. *Homilies on Genesis: 1-17*. Translated by Hill, Robert C. FC. Washington, D.C.: Catholic University of America Press, 1986.

Coggins, R. J. *Haggai, Zechariah, Malachi*. OTG 7. Sheffield: JSOT Press, 1987.

Cohn-Sherbok, Dan. *Judaism: History, Belief, and Practice*. London; New York: Routledge, 2003.

Collins, Adela Yarbro. "Introduction: Early Christian Apocalypticism." In *Early Christian Apocalypticism: Genre and Social Setting*. Collins, Adela Yarbro. Semeia. Decatur, GA: Scholars Press, 1986.

Collins, John J. *Jewish Wisdom in the Hellenistic Age*. OTL. Louisville, Kentucky: Westminster John Knox Press, 1997.

Conzelmann, Hans. *Acts of the Apostles*. Translated by Limburg, James, Kraabel, A. Thomas, Juel, Donald H. Hermeneia. Philadelphia: Fortress Press, 1987[*Die Apostelgeschichte*. Handbuch zum Neuen Testament 7. Auflage 2. Tübingen: Mohr Siebeck, 1972].

Cook, Johann. "The Origin of the Tradition of the יצר הטוב and יצר הרע." JSJ 38, no. 1 (2007): 80-91.

Cooke, Gerald B. "The Sons of (the) God(s)." *ZAW* 76, no. 1 (1964): 22-47.

Crenshaw, James L. *Old Testament Wisdom*. Rev. ed. Louisville, Ky.: Westminster John Knox Press, 1998.

Danby, Herbert. *The Mishnah: Translated from the Hebrew, with Introduction and Brief Explanatory Notes*. Oxford: Oxford University Press, 1933.

Davies, Philip R. *The Damascus Covenant: An Interpretation of the Damascus Document*. JSOTSup 25. Sheffield: JSOT Press, 1982.

―――. "Eschatology at Qumran." *JBL* 104, no. 1 (1985): 39-55.

Day, Peggy L. *An Adversary in Heaven: Śāṭān in the Hebrew Bible*. HSM. Atlanta: Scholars Press, 1988.

de Cal asio, Mario, Romaine, William. *Concordantiae sacrorum Bibliorum Hebraicorum* 2. Londini: Apud Jacobum Hodges, 1747.

Dillmann, August. *Handbuch der alttestamentlichen Theologie*. Leipzig: Verlag von S. Hirzel, 1895.

Dochhorn, Jan. "The Devil in the Gospel of Mark." In *Evil and the Devil*. Fröhlich, Ida, Koskenniemi, Erkki. LNTS 481, 98-107. London; Newdelhi; New York; Sydney: Bloomsbury, 2013.

Dupont-Sommer, André. *The Essene Writings from Qumran*. Translated by Vermes, G. Meridian Books. MG44. Cleveland; New York: World Publishing Company, 1962[*Les écris esséniens découverts près de la mer*

Morte. Paris: Les Editions Payot, 1961].

Eaton, J. H. *Job*. OTG 5. Sheffield: JSOT Press, 1985.

Eissfeldt, Otto. *Einleitung in das Alte Testament: unter Einschluss der Apokryphen und Pseudepigraphen sowie der apokryphen- und pseudepigraphenartigen Qumran-Schriften: entstehungsgeschichte des Alten Testaments*. Neue Theologische Grundrisse. Auflage 3. Tübingen: J. C. B. Mohr, 1964.

Evans, Paul. "Divine Intermediaries in 1 Chronicles 21: An Overlooked Aspect of the Chronicler's Theology." *Bib* 85, no. 4 (2004): 545-58.

Forsyth, Neil. *The Old Enemy: Satan and the Combat Myth*. Princeton, N.J.: Princeton University Press, 1987.

Fox, Douglas A. "Darkness and Light: The Zoroastrian View." *JAAR* 35, no. 2 (1967): 129-37.

Freedman, H., Simon, Maurice, eds. *Midrash Rabbah*. 3rd ed. 10 vols. New York; London: Soncino Press, 1983.

Fröhlich, Ida. "Evil in Second Temple Texts." In *Evil and the Devil*. Fröhlich, Ida, Koskenniemi, Erkki. LNTS 481, 23-50. London; Newdelhi; New York; Sydney: Bloomsbury, 2013.

Gale, James S. *Korea in Transition*. Nashville, Tenn.; Dallas, Texas: Publishing House of the Methodist Episcopal Church, South; Smith & Lamar, Agents, 1909.

Galling, Kurt. *Die Bücher der Chrinik, Esra, Nehemia*. ATD 12. Göttingen: Vandenhoeck & Ruprecht, 1954.

Gathercole, Simon J. "Jesus' eschatological vision of the fall of Satan: Luke 10,18 reconsidered." *ZNW* 94, no. 3-4 (2003): 143-63.

Gaylord Jr., H. E. "3 (Greek Apocalypse of) Baruch." In *OTP 1*, edited by Charlesworth, James H., 653-79. Garden City, New York: Doubleday, 1985.

Glasson, T. F. *Greek Influence in Jewish Eschatology: With Special Reference to the Apocalypses and Pseudepigraphs*. SPCKBM. London: SPCK, 1961.

Goldberg, Louis. "The Sin Nature and Yetzer Har'a: Are they the Same or Different?" *Mishkan* 32 (2000): 46-58.

Gordis, Robert. *The Book of God and Man: A Study of Job*. Chicago: University of

Chicago Press, 1965.

──── . *The Book of Job*. Moreshet Series. New York: Jewish Theological Seminary of America, 1978.

Grabbe, Lester L. "The Scapegoat Tradition: A Study in Early Jewish Interpretation." *JSJ* 18, no. 2 (1987): 152-67.

Grech, Prosper Cardinal. "Testimonia and Modern Hermeneutics." *NTS* 19, no. 3 (1973): 318-24.

Guggenheimer, Heinrich W. *The Jerusalem Talmud: First Order Zeraïm. Tractate Berakhot*. SJ. Berlin; New York: de Gruyter, 2000.

──── . *The Jerusalem Talmud: Mo'ed Tractates Šabbat and 'Eruvin*. SJ. Berlin: de Gruyter, 2012.

Gunkel, Hermann. *The Folktale in the Old Testament*. Translated by Rutter, Michael D. Historic Texts and Interpreters in Biblical Scholarship. Sheffield: Almond Press, 1987[*Das Märchen im Alten Testament*. Tübingen: Mohr Siebeck, 1917].

Haas, Cees. "Job's perseverance in the Testament of Job." In *Studies on the Testament of Job*. Knibb, Michael A., Van der Horst, Pieter W. SNTSMS. New York: Cambridge University Press, 2005.

Hallaschka, Martin. *Haggai und Sacharja 1-8: eine redaktionsgeschichtliche Untersuchung*. BZAW 411. Berlin; New York: Walter de Gruyter GmbH & Co., 2011.

Hamilton, Victor P. "*Satan*." *ABD* 5. New York: Doubleday, 1992.

Handy, Lowell K. "The Authorization of Divine Power and the Guilt of God in the Book of Job: Useful Ugaritic Parallels." *JSOT* 18, no. 60 (1993): 107-18.

Hanneken, Todd R. "The Watchers in Rewritten Scripture: The Use of the Book of the Watchers in Jubilees." In *The Fallen Angels Traditions*. Harkins, Angela Kim, Bautch, Kelley Coblentz, Endres, John C. CBQMS 53, 25-68. Washington, DC: Catholic Biblical Association, 2014.

Hanson, Paul D. *The Dawn of Apocalyptic*. Rev. ed. Philadelphia: Fortress Press, 1983.

──── . "Rebellion in Heaven, Azazel, and Euhemeristic Heroes in 1 Enoch 6-11." *JBL* 96, no. 2 (1977): 195-233.

Harnack, Adolf von. *The Expansion of Christianity in the First Three Centuries*. Translated by Moffatt, James. Theological Translation Library 19. London; New York: Williams & Norgate; Putnam, 1904 [*Die Mission und Ausbreitung des Christentums in den ersten drei Jahrhunderten 1*. Leipzig: J. C. Hinrichs, 1902].

Hartley, John E. *The Book of Job*. NICOT. Grand Rapids, Mich.: Eerdmans, 1988.

Hendel, Ronald S. "Of Demigods and the Deluge: Toward an Interpretation of Genesis 6:1-4." *JBL* 106, no. 1 (1987): 13-26.

Herr, Moshe David, Wald, Stephen G. "*Genesis Rabbah*." *EncJud* 7. 2nd ed. Detroit; New York; San Francisco; New Haven, Conn.; Waterville, Maine; London: Thomson Gale, 2007.

Hopfe, Lewis M., Woodward, Mark R. *Religions of the World*. 9th ed. Upper Saddle River, N.J.: Pearson Education, 2004.

Hurtado, L. W. "First-Century Jewish Monotheism." *JSNT* 21, no. 71 (1999): 3-26.

Isaac, E. "1 (Ethiopic Apocalypse of) Enoch." In *OTP 1*, edited by Charlesworth, James H., 5-90. Garden City, New York: Doubleday, 1983.

Janowski, B. "*Azazel*." *DDD*. 2nd ed. Leiden; Boston; Köln: Brill, 1999.

Japhet, Sara. *I & II Chronicles*. OTL. Louisville, Ky.: Westminster John Knox Press, 1993.

―――. *The Ideology of the Book of Chronicles and Its Place in Biblical Thought*. Winona Lake, Indiana: Eisenbrauns, 2009.

Jepsen, Alfred. "Kleine Beitrage zum Zwölfprophetenbuch III." *ZAW* 61, no. 1 (1948): 95-114.

Johnson, M. D. "Life of Adam and Eve." In *OTP 2*, edited by Charlesworth, James H., 249-95. Garden City, New York: Doubleday, 1985.

Joines, Karen R. "Serpent in Gen 3." *ZAW* 87, no. 1 (1975): 1-11.

Kee, H. C. "Testaments of the Twelve Patriarchs (Second Century B. C.)." In *OTP 1*, edited by Charlesworth, James H., 775-828. Garden City, New York: Doubleday, 1983.

Keener, Craig S. *Acts*. New Cambridge Commentary. Cambridge, United Kingdom: Cambridge University Press, 2020.

Klein, Ralph W. *1 Chronicles*. Hermeneia. Minneapolis: Fortress Press, 2006.

Kline, Meredith G. "Divine Kingship and Genesis 6:1-4." *WTJ* 24, no. 2 (1962):

187-204.

Kluger, Rivkah Schärf. *Satan in the Old Testament.* Translated by Nagel, Hildegard. Evanston, Illinois: Northwestern University Press, 1967[*Die Gestaltdes Satans im Alten Testament.* Zürich: Rascher Verlag, 1948].

Knoppers, Gary N. *I Chronicles 10-29.* AB 12A. New York: Doubleday, 2004.

Koskenniemi, Erkki. "Miracles of the Devil and His Assistants in Early Judaism and Their Influence on the Gospel of Matthew." In *Evil and the Devil.* Fröhlich, Ida, Koskenniemi, Erkki. LNTS 481, 84-97. London; Newdelhi; New York; Sydney: Bloomsbury, 2013.

Kreuzer, Florian. "Der Antagonist Der Satan in der Hebräischen Bibel - eine bekannte Größe?" *Bib* 86, no. 4 (2005): 536-44.

Kulik, Alexander. *3 Baruch: Greek-Slavonic Apocalypse of Baruch.* CEJL. Berlin; New York: De Gruyter, 2010.

Laato, Antti. "The Devil in the Old Testament." In *Evil and the Devil.* Fröhlich, Ida, Koskenniemi, Erkki. LNTS 481, 1-22. London; Newdelhi; New York; Sydney: Bloomsbury, 2013.

Ladd, George Eldon. *The Presence of the Future.* Rev. ed. Grand Rapids, Mich.: Eerdmans, 1974.

Love, Mark Cameron. *The Evasive Text: Zechariah 1-8 and the Frustrated Reader.* JSOTSup 296. Sheffield: Sheffield Academic Press, 1999.

Lowry, Richard. "The Dark Side of the Soul: Human Nature and the Problem of Evil in Jewish and Christian Traditions." *Journal of Ecumenical Studies* 35, no. 1 (1998): 88.

MacLaurin, E. C. B. "Beelzeboul." *NovT* 20, no. 2 (1978): 156-60.

MacMullen, Ramsay. *Christianizing the Roman Empire.* New Haven: Yale University Press, 1984.

McCurley, Foster R. *Ancient Myths and Biblical Faith.* Philadelphia: Fortress Press, 1983.

Meyers, Carol L., Meyers, Eric M. *Haggai, Zechariah 1-8.* AB 25B. Gardencity, New York: Doubleday & Company, Inc., 1988.

Midrash Rabbah: Leviticus. Translated by Israelstam, J., Slotki, Judah J. 3rd ed. London; New York: Soncino Press, 1983.

Milgrom, Jacob. *Leviticus 1-16.* AB 3. New York: Doubleday, 1991.

Millard, A. R. "A New Babylonian 'Genesis' Story." *TynBul* 18 (1967): 3-18.

Mitchell, Hinckley G. T., Smith, J. M. Powis, Bewer, Julius August. *A Critical and Exegetical Commentary on Haggai, Zechariah, Malachi and Jonah*. ICC. Edinburgh: T&T Clark, 1912.

Müller, Ulrich B. "Vision und Botschaft: Erwägungen zur prophetischen Struktur der Verkündigung Jesu." *ZTK* 74, no. 4 (1977): 416-48.

Murphy, Roland E. "Yeser in the Qumran Literature." *Bib* 39, no. 3 (1958): 334-44.

Newsom, Carol A. *The Book of Job: A Contest of Moral Imaginations*. New York: Oxford University Press, 2009.

Nickelsburg, George W. E. "Apocalyptic and Myth in 1 Enoch 6-11." *JBL* 96, no. 3 (1977): 383-405.

Nielsen, K. "*Satan*." *TDOT 14*. Grand Rapids, Mich.: Eerdmans, 2004.

Noth, Martin. *The Chronicler's History*. Translated by Williamson, H. G. M. JSOTSup 50. 1987; Reprint, Sheffield: Sheffield Academic Press, 2001 [*Überlieferungsgeschichtliche Studien* 2. Auflage 2. Tübingen: Max Niemeyer, 1957].

Noy, Dov. "*Angel of Death*." *EncJud2*. 2nd ed. Detroit; New York; San Francisco; New Haven, Conn.; Waterville, Maine; London: Thomson Gale, 2007.

Oppenheim, A. L. "The Eyes of the Lord." *JAOS* 88, no. 1 (1968): 173-80.

Orlov, Andrei A. *Dark Mirrors: Azazel and Satanael in Early Jewish Demonology*. Albany, NY: State University of New York Press, 2011.

Page, Sydney H. T. "Satan: God's Servant." *JETS* 50, no. 3 (2007): 449-65.

Patte, Daniel. *Early Jewish Hermeneutic in Palestine*. SBLDS. Missoula, Mont: Scholars Press, 1975.

Peake, Arthur S. *The Problem of Suffering in the Old Testament*. London: Robert Bryant, 1904.

Perdue, Leo G. *Wisdom in Revolt: Metaphorical Theology in the Book of Job*. JSOTSup 112. Sheffield: JSOT Press, 1991.

Perowne, Thomas Thomason. *Haggai and Zechariah*. Cambridge: Cambridge University Press, 1890.

Petersen, David L. *Haggai and Zechariah 1-8*. OTL. Philadelphia: Westminster Press, 1984.

Petterson, Anthony R. *Behold your King: The Hope for the House of David in the Book of Zechariah*. LHBOTS 513. New York: T&T Clark, 2009.

Porter, Frank Chamberlin. "The Yecer Hara: A Study in the Jewish Doctrine of Sin." In *Biblical and Semitic Studies: Critical and Historical Essays*. Semitic and Biblical Faculty of Yale University, 93-156. New York: Charles Scribner's Sons, 1901.

Porton, Gary G. "*Midrash*." *ABD 4*. New York: Doubleday, 1992.

———. "*Talmud*." *ABD 6*. New York: Doubleday, 1992.

Rabinowitz, Louis Isaac "*Satan*." *EncJud 18*. Farmington Hills, MI: Thomson Gale, 2007.

Rad, Gerhard von "*diábolos*." *TDNT 2*. Grand Rapids, Mich.: Eerdmans, 1985.

Reddish, Mitchell G. *Apocalyptic Literature: A Reader*. Peabody, Massachusetts: Hendrickson Publishers, 1990.

Reed, Annette Yoshiko. *Fallen Angels and the History of Judaism and Christianity: the Reception of Enochic Literature*. Cambridge, New York: Cambridge University Press, 2005.

Reeg, Gottfried. "The Devil in Rabbinic Literature." In *Evil and the Devil*. Fröhlich, Ida, Koskenniemi, Erkki. LNTS 481, 71-83. London; Newdelhi; New York; Sydney: Bloomsbury, 2013.

Reimer, Andy M. "Rescuing the Fallen Angels: The Case of the Disappearing Angels at Qumran." *DSD* 7, no. 3 (2000): 334-53.

Riley, G. J. "*Devil*." *DDD*. 2nd ed. Leiden; Boston; Köln: Brill, 1999.

Ringgren, Helmer. *The Faith of Qumran*. Philadelphia: Fortress Press, 1963.

Rodkinson, Michael L. *New Edition of the Babylonian Talmud: Original Text Edited, Corrected, Forumalted, and Translated into English*. Boston: The Talmud Society, 1918.

Rogers, Jessie. "The Testament of Job as an Adaptation of LXX Job." In *Text-Critical and Hermeneutical Studies in the Septuagint*. Cook, Johann, Stipp, Hermann-Josef. VTSup 157, 395-408. Leiden; Boston: Brill, 2012.

Rosen-Zvi, Ishay. *Demonic Desires: Yetzer Hara and the Problem of Evil in Late Antiquity*. Philadelphia: University of Pennsylvania Press, 2011.

Rowley, Harold Henry. *The Faith of Israel: Aspects of Old Testament Thought*.

Philadelphia: Westminster Press, 1956.

_____. *The Relevance of Apocalyptic: A Study of Jewish and Christian Apocalypses from Daniel to the Revelation*. Rev. ed. New York: Association Press, 1964.

Rudman, Dominic. "Authority and Right of Disposal in Luke 4.6." *NTS* 50, no. 1 (2004): 77-86.

_____. "The Use of Water Imagery in Descriptions of Sheol." *ZAW* 113, no. 2 (2001): 240-44.

_____. "Zechariah and the Satan Tradition in the Hebrew Bible." In *Tradition in Transition: Haggai and Zechariah 1-8 in the Trajectory of Hebrew Theology*. Boda, Mark J., Floyd, Michael H. LHBOTS 475, 192-209. New York; London: T&T Clark International, 2008.

Russell, D. S. *The Method and Message of Jewish Apocalyptic: 200 B.C.-A.D. 100*. OTL. Philadelphia: Westminster Press, 1964.

Sailhamer, John. "1 Chronicles 21:1 - A Study in Inter-Biblical Interpretation." *TJ* 10, no. 1 (1989): 33-48.

Schaff, Philip. *Ante-Nicene Fathers*. 10 vols. 1885. Reprint. Grand Rapids, MI: Eerdmans, 2001.

Schaller, Berndt. "Das Testament Hiobs und die Septuaginta-Übersetzung des Buches Hiob." *Bib* 61, no. 3 (1980): 377-406.

Seow, C. L. *Job 1-21*. Illuminations. Grand Rapids, Mich.: Eerdmans, 2013.

South, James T. "A Critique of the 'Curse/Death' Interpretation of 1 Corinthians 5, 1-8." *NTS* 39, no. 4 (1993): 539-61.

Sperling, S. D. "*Belial*." *DDD*. 2nd ed. Leiden; Boston; Köln: Brill, 1999.

Spittler, R. P. "Testament of Job." In *OTP 1*, edited by Charlesworth, James H., 829-68. Garden City, New York: Doubleday, 1983.

Stead, Michael R. *The Intertextuality of Zechariah 1-8*. LHBOTS 506. New York; London: T&T Clark, 2009.

Stokes, Ryan E. "The Devil Made David Do it ⋯ or Did he?: The Nature, Identity, and Literary Origins of the Satan in 1 Chronicles 21:1." *JBL* 128, no. 1 (2009): 91-106.

_____. "Satan, YHWH's Executioner." *JBL* 133, no. 2 (2014): 251-70.

_____. *The Satan: How God's Executioner Became the Enemy*. Grand Rapids,

Mich.: Eerdmans, 2019.

Strack, H. L., Stemberger, Günter. *Introduction to the Talmud and Midrash*. Translated by Bockmuehl, Markus. 2nd ed. Minneapolis: Fortress Press, 1996[*Einleitung in Talmud und Midrasch* Auflage 7. München: C. H. Beck, 1982].

Stuckenbruck, Loren T. "The Origins of Evil in Jewish Apocalyptic Tradition: The Interpretation of Genesis 6:1 – 4 in the Second and Third Centuries B.C.E." In *The Fall of the Angels 6*, edited by Auffarth, Christoph, Stuckenbruck, Loren T. TBN 6, 87-118. Leiden; Boston: Brill, 2004.

Sweeney, Marvin A. *The Twelve Prophets*. Berit Olam 2. Collegeville, Minn.: Liturgical Press, 2000.

"Talmud Bavli." Sefaria: A Living Library of Jewish Texts, accessed Dec 08, 2020, https://www.sefaria.org/texts/Talmud.

Thompson, J. A. *1, 2 Chronicles*. NAC 9. Nashville, Tenn.: Broadman & Holman, 1994.

Thornton, D. T. "Satan as adversary and ally in the Process of Ecclesial Discipline: The Use of the Prologue to Job in 1 Corinthians 5:5 and 1 Timothy 1:20." *TynBul* 66, no. 1 (2015): 137-51.

Tigchelaar, E. "The Evil Inclination in the Dead Sea Scrolls, with a Re-edition of 4Q468i(4QSectarian Text?)." In *Empsychoi Logoi—Religious Innovations in Antiquity: Studies in Honour of Pieter Willem van der Horst*. Houtman, Alberdina, de Jong, Albert, Misset-van de Weg, Magda. Ancient Judaism and Early Christianity 73, 347-57. Leiden; Boston: Brill, 2008.

Tollington, Janet A. *Tradition and Innovation in Haggai and Zechariah 1-8*. JSOTSup 150. Sheffield: JSOT Press, 1993.

Tremmel, William C. "Satan – The Dark Side." *Iliff Review* 42, no. 1 (1985): 3-12.

Trevett, Christine. *Montanism: Gender, Authority, and the New Prophecy*. Cambridge: Cambridge University Press, 1996.

Tur-Sinai, Naphtali H. *The Book of Job*. Rev. ed. Jerusalem: Kiryath Sepher, 1967.

van Oyen, Geert. "Demons and Exorcisms in the Gospel of Mark." In *Demons and the Devil in Ancient and Medieval Christianity*. Vos, Nienke, Otten, Willemien. VCSup 108, 99-116. Leiden; Boston: Brill, 2011.

VanderKam, James C. *The Dead Sea Scrolls today*. 2nd ed. Grand Rapids, Mich.: Eerdmans, 2010.

VanGemeren, Willem A. "The Sons of God in Genesis 6:1-4 (an example of evangelical demythologization)." *WTJ* 43, no. 2 (1981): 320-48.

Wahlen, Clinton L. *Jesus and the Impurity of Spirits in the Synoptic Gospels.* WUNT 2. Tübingen: Mohr Siebeck, 2004.

Waltke, Bruce K., O'Connor, Michael Patrick. *An Introduction to Biblical Hebrew Syntax.* Winona Lake, Ind.: Eisenbrauns, 1990.

Wharton, James A. *Job*. Westminster Bible Companion. Louisville, Ky.: Westminster, 1999.

Wilckens, Ulrich. *Der Brief an Die Römer 3.* EKKNT 6/3. Zürich; Neukirchen-Vluyn: Benziger Verlag; Neukirchener Verlag, 1982.

Willi, Thomas. *Die Chronik als Auslegung: Untersuchungen zur literarischen Gestaltung der historischen Überlieferung Israels.* Göttingen: Vandenhoeck & Ruprecht, 1972.

Williamson, H. G. M. *1 and 2 Chronicles*. New Century Bible Commentary. Eugene, Oregon: Wipf & Stock, 1982.

Winston, David. "The Iranian Component in the Bible, Apocrypha, and Qumran: A Review of the Evidence." *History of Religions* 5, no. 2 (1966): 183-216.

Wintermute, O. S. "Jubilees." In *OTP 2*, edited by Charlesworth, James H., 35-142. Garden City, New York: Doubleday, 1985.

Wolfers, David. *Deep Things out of Darkness: The Book of Job: Essays and A New English Translation.* Grand Rapids, Mich.: Eerdmans, 1995.

Wray, T. J., Mobley, Gregory. *The Birth of Satan: Tracing the Devil's Biblical Roots.* New York: Palgrave Macmillan, 2005.

Wright, Archie T. *The Origin of Evil Spirits: The Reception of Genesis 6.1-4 in Early Jewish Literature.* WUNT 2. Reihe, 198. Tübingen: Mohr Siebeck, 2005.

갈런드, 데이비드. 『고린도전서』, 조호영 역. 서울: 부흥과개혁사, 2019[Garland, David E. *1 Corinthians*. BECNT. Grand Rapids, Mich.: Baker Academic, 2003].

게제니우스, W. 『게제니우스 히브리어 문법』, 신윤수 역. 서울: 비블리아 아카데미아, 2006[Genenius, Wilhelm, Kautzsch, Emil. *Genesius' Hebrew Grammar*. 2nd ed. Translated Cowley, Arthur Ernest. London: Oxford University Press, 1910].

_____. 『게제니우스의 히브리어 · 아람어 사전』, 이정의 역. 서울: 생명의말씀
사, 2007[Gesenius, Friedrich Heinrich Wilhelm. *Hebräisches und
Aramäisches Handwörterbuch über das Alte Testament*. Auflage 17.
Springer: Verlag Berlin Heidelberg, 1962].

곤잘레스, 후스토 L. 『기독교 사상사 1』, 이형기, 차종순 역. 서울: 한국장로교출판
사, 1988[González, Justo L. *A History of Christian Thought* 1. Nashville,
TN: Abingdon Press, 1970].

_____. 『초대교회사』, 엄성옥 역. 서울: 은성출판사, 2012[González, Justo L. *The
Story of Christianity 1*: The Early Church to the Reformation. 2nd ed.
New York: HarperOne, 2010].

그닐카, 요아힘. 『바울로』 신학 텍스트 총서 1.2, 이종한 역. 서울: 분도출판사,
2008[Gnilka, Joachim. *Paulus von Tarsus: Apostel und Zeuge*. Freiburg
im Breisgau: Verlag Herder, 1996].

러셀, 제프리 버튼. 『데블: 고대로부터 원시 기독교까지 악의 인격화』 르네상스
라이브러리 10; 악의 역사 1, 김영범 역. 서울: 르네상스, 2006[Russell,
Jeffrey Burton. *The Devil: Perception of Evil from Antiquity to Primitive
Christianity*. Ithaca: Cornell University Press, 1987].

_____. 『사탄: 초기 기독교의 전통』 르네상스 라이브러리 11; 악의 역사 2, 김영
범 역. 서울: 르네상스, 2001[Russell, Jeffrey Burton. *Satan: The Early
Christian Tradition*. Ithaca: Cornell University Press, 1987].

_____. 『악마의 문화사』, 최은석 역. 서울: 황금가지, 1988[Russell, Jeffrey Burton.
The Prince of Darkness: Radical Evil and the Power of Good in History.
Ithaca: Cornell University Press, 1988].

마르티네즈, F., 티그셸라아르, E. 『사해 문서』 한국학술진흥재단 학술명저번역총
서 서양편 234, 강성열 역. 파주: 나남, 2008[*The Dead Sea Scrolls Study
Edition*. Translated García Martínez, Florentino, Tigchelaar, Eibert J. C.
Leiden; Boston: Brill, 1998].

마샬, 하워드. 『신약성서 신학』, 박문재, 정용신 역. 고양: 크리스챤다이제스트,
2006[Marshall, I. Howard. *New Testament Theology: Many Witnesses,
one Gospel*. Downers Grove: Inter Varsity Press, 2004].

마운스, 로버트. 『요한계시록』, 장규성 역. 서울: 부흥과개혁사, 2019[Mounce,
Robert H. *The Book of Revelation*. Rev. ed. NICNT. Grand Rapids, MI:
Eerdmans, 1997].

마운스, 윌리엄 D. 『마운스 헬라어 문법』, 조명훈, 김명일, 이충재 역. 서울: 복있는

사람, 2017[Mounce, William D. *Basics of Biblical Greek Grammar*. 3rd ed. Nashville: Zondervan, 2009].

마이어, J. M. 『역대기 상』 국제성서주석, 이환진 역. 서울: 한국신학연구소, 1990[Myers, Jacob M. *I Chronicles*. 2nd ed. AB 12. Garden City, New York: Doubleday & Company, Inc., 1981].

마틴, 랠프 P. 『고린도후서』 WBC 성경주석 40, 김철 역. 서울: 솔로몬, 2007 [Martin, Ralph P. *2 Corinthians*. WBC 40. Nashville: Thomas Nelson Publishers, 1986].

머피, 프레더릭 J. 『초기 유대교와 예수 운동: 제2성전기 유대교와 역사적 예수의 상관관계』, 유선명 역. 서울: 새물결플러스, 2020[Murphy, Frederick James. *Early Judaism: The Exile to the Time of Jesus*. Grand Rapids, MI: Baker Academic, 2002].

무사프-안드리세, R. C. 『간추린 유대 문헌』, 우리말씀연구소 역. 서울: 기독교문서선교회, 2019[Musaph-Andriesse, R. C. *From Torah to Kabbalah: A Basic Introduction to the Writings of Judaism*. Translated Bowden, John. Norwich: SCM Press, 1981].

바넷, 폴. 『고린도후서』, 전용우 역. 서울: 부흥과개혁사, 2020[Barnett, Paul. *The Second Epistle to the Corinthians*. NICNT. Grand Rapids, MI: Eerdmans, 1997].

벅, 대럴. 『누가복음 1』, 신지철 역. 서울: 부흥과개혁사, 2013[Bock, Darrell L. *Luke 1:1-9:50*. BECNT. Grand Rapids, MI: Baker Publishing Group, 1994].

_____. 『누가복음 2』, 신지철 역. 서울: 부흥과개혁사, 2017[Bock, Darrell L. *Luke 9:51-24:53*. BECNT. Grand Rapids, MI: Baker Publishing Group, 1996].

브라운, 레이몬드 E. 『앵커바이블 요한복음 II: 영광의 책』, 최흥진 역. 서울: 기독교문서선교회, 2013[Brown, Raymond E. *The Gospel According to John(XIII-XXI)*. AYB. London: Yale University Press, 2008].

_____. 『앵커바이블 요한복음 I: 표적의 책』, 최흥진 역. 서울: 기독교문서선교회, 2013[Brown, Raymond E. *The Gospel According to John(I-XII)*. AYB. London: Yale University Press, 2008].

브라운, 로디. 『역대상』 WBC 성경주석, 14, 김의원 역. 서울: 솔로몬, 2006[Braun, Roddy. *1 Chronicles*. WBC 14. Waco. Texas: Word Books, 1986].

비일, 그레고리 K. 『요한계시록(하)』, 오광만 역. 서울: 새물결플러스, 2016[Beale, G. K. *The Book of Revelation: A Commentary on the Greek Text*. NIGTC.

샤프, 필립. 『교회사전집 2: 니케아 이전의 기독교』, 이길상 역. 고양: 크리스챤다이제스트, 2004[Schaff, Philip. *History of the Christian Church 2: Ante-Nicene Christianity*. 2nd ed. New York: C. Scribner's Sons, 1883].

──. 『교회사전집 3: 니케아 시대와 이후의 기독교』, 이길상 역. 고양: 크리스챤다이제스트, 2009[Schaff, Philip. *History of the Christian Church 3, Nicene and Post-Nicene Christianity: From Constantine the Great to Gregory the Great*. 3rd ed. New York: C. Scribner's Sons, 1912].

서정민. "두 탈무드 탄생의 정치, 종교적 환경." 『중동연구』 28 (3, 2010): 197-220.

송혜경. 『구약 외경 1』. 의정부: 한남성서연구소, 2018.

──. 『사탄, 악마가 된 고발자』. 의정부: 한남성서연구소, 2019.

슈낙켄부르크, 루돌프. 『복음서의 예수 그리스도』 신학 텍스트 총서 1.3, 김병학 역. 서울: 분도출판사, 2009[Schnackenburg, Rudolf. *Jesus Christus im Spiegel der vier Evangelien*. Freiburg im Breisgau: Verlag Herder GmbH & CO. KG, 1998].

슈라이너, 토머스. 『로마서』, 배용덕 역. 서울: 부흥과개혁사, 2012[Schreiner, Thomas R. *Romans*. BECNT. Grand Rapids, MI: Baker Academic, 1998].

슈미트, 베르너 H. 『구약신앙: 역사로 본 구약신학』, 차준희 역. 서울: 대한기독교서회, 2007[Schmidt, Werner H. *Alttestamentlicher Glaube*. Auflage 9. Neukirchen-Vluyn: Neukirchener Verlag, 2004].

스미드, 랄프. 『미가-말라기』 WBC 성경주석 32, 채천석, 채훈 역. 서울: 솔로몬, 2001[Smith, Ralph L. *Micah-Malachi*. WBC 32. Waco, Texas: Word Books, 1984].

스템베르거, 귄터. 『미드라쉬 입문』 유다 · 그리스도교 고전 입문 총서 III-2, 이수민 역. 서울: 바오로딸, 2008[Stemberger, Günter. *Midrash: Vom Umgang der Rabbinen mit der Bibel*. München: C. H. Beck, 2008].

아놀드, 클린턴 E. 『영적 전쟁: 바울 서신으로 본 사탄과 악한 영들』, 길성남 역. 고양: 이레서원, 2020[Arnold, Clinton E. *Powers of Darkness: Principalities and Powers in Paul's Letters*. Downders Grove, IL: InterVarsity Press, 1992].

아우구스티누스. 『마니교도 반박 창세기 해설, 창세기 문자적 해설 미완성 작품』 교부 문헌 총서, 31, 정승익 역. 서울: 분도출판사, 2022[Augustinus, Aurelius. *De genesi contra Manichaeos, De genesi ad litteram liber imperfectu*].

아우네, 데이비드 E. 『요한계시록(중) 6-16』 WBC 성경주석 52중, 김철 역. 서울: 솔로몬, 2004[Aune, David E. *Revelation 6-16*. WBC 52B. Nashville: Thomas Nelson Publishers, 1998].

아이히로트, 발터. 『구약성서신학 II』, 박문재 역. 고양: 크리스챤다이제스트, 2002[Eichrodt, Walther. *Theology of the Old Testament*. OTL. Translated Baker, J. A. Philadelphia: The Westminster Press, 1967].

알베르츠, 라이너. 『이스라엘 종교사 2』, 강성열 역. 고양: 크리스챤다이제스트, 2004[Albertz, Rainer. *Religionsgeschichte Israels in alttestamentlicher 2*. ATD 8/2. Göttingen: Vandenhoeck & Ruprecht, 1997].

야마우찌, 에드윈 M. 『페르시아와 성경』 고대 근동 시리즈 5, 박웅규, 이한영, 조용성 역. 서울: 기독교문서선교회, 2010[Yamauchi, Edwin M. *Persia and the Bible*. Grand Rapids: Baker Publishing Group, 1996].

에드워즈, 제임스. 『누가복음』, 강대훈 역. 서울: 부흥과개혁사, 2019[Edwards, James R. *The Gospel According to Luke*. Pillar New Testament Commentary. Grand Rapids, Mich.; Cambridge: Eerdmans, 2015].

에반스, 크레이그 A. 『마가복음(하)』 WBC 성경주석 34하, 김철 역. 서울: 솔로몬, 2007[Evans, Craig A. *Mark 8:27-16:20*. WBC 34B. Nashville: Thomas Nelson, 2001].

에브너, 마르틴, 슈라이버, 슈테판. 『신약성경 개론』 신학 텍스트 총서 1.5, 이종한 역. 서울: 분도출판사, 2013[Ebner, Martin, Schreiber, Stefan. *Einleitung in das Neue Testament*. Stuttgart: W. Kohlhammer GmbH, 2008].

옥성득. 『한국 기독교 형성사』. 서울: 새물결플러스, 2020[Oak, Sung-Deuk. *The Making of Korean Christianity: Protestant Encounters with Korean Religions, 1876-1915*. Studies in World Christianity. Waco: Baylor University Press, 2013].

월키, 브루스 K., 프레드릭스, 캐시 J. 『창세기 주석』, 김경열 역. 서울: 새물결플러스, 2018[Waltke, Bruce K., Fredricks, Cathi J. *Genesis: A Commentary*. Grand Rapids, Mich.: Zondervan, 2001].

이윤경. "벨리알과 사탄에 대한 역사적 개념 변천 연구." 『한국기독교신학논총』 76 (2011): 35-54.

장남혁. "초기 개신교 내한 선교사들의 영적 세계관-영적 존재에 대한 실체적 인식을 중심으로." 『선교신학』 19 (2008): 249-72.

주옹, 폴, 무라오까. 『성서 히브리어 문법』, 김정우 역. 서울: 기혼, 2012[Paul Joüon, S. J. *A Grammar of Biblical Hebrew*. 2nd ed. SubBi 27. Translated Muraoka, T. Roma: Gregorian & Biblical Press, 2006].

차정식. "'사탄에게 넘겨줌'의 의미와 초기 기독교의 저주 의식: 고린도전서 5:4-5와 디모데전서 1:20을 중심으로." 『신약논단』 26 (2, 2019): 413-47.

천사무엘. 『사해사본과 쿰란 공동체』. 서울: 대한기독교서회, 2004.

콜린스, 존 J. 『묵시문학적 상상력: 유다 묵시문학 입문』 카톨릭문화총서 14 역사신학 3, 박영식 역. 서울: 가톨릭출판사, 2006[Collins, John J. *The Apocalyptic Imagination: An Introduction to Jewish Apocalyptic Literature*. 2nd ed. Grand Rapids, Mich.: Eerdmans, 1998].

쿡, 스티븐 L. 『예언과 묵시: 포로기 이후 묵시 사상에 대한 사회학적 연구』 한국구약학연구소 총서, 2, 이윤경 역. 서울: 새물결플러스, 2016[Cook, Stephen L. *Prophecy and Apocalypticism: The Postexilic Social Setting*. Minneapolis: Augsburg Fortress Publishers, 1995].

큉, 한스. 『한스 큉의 유대교: 현 시대의 종교적 상황』, 이신건, 이응봉, 박영식 역. 서울: 시와진실, 2015[Küng, Hans. *Das Judentum: Die religiöse Situation der Zeit*. Munich: Piper Verlag, 1991].

크라이더, 앨런. 『초기 교회와 인내의 발효: 로마 제국 안에 뿌리 내린 초기 기독교의 성장 비밀』, 김광남 역. 서울: IVP, 2021[Kreider, Alan. *The Patient Ferment of the Early Church: The Improbable Rise of Christianity in the Roman Empire*. Grand Rapids, MI: Baker Academic, 2016].

클라인스, 데이빗 J. A. 『욥기 1-20』 WBC 성경주석 17, 한영성 역. 서울: 솔로몬, 2006[Clines, David J. A. *Job 1-20*. WBC 17. Dallas, Texas: Word Books, 1989].

키너, 크레이그 S. 『오늘날에도 기적이 일어날 수 있는가? (하)』, 노동래 역. 서울: 새물결플러스, 2022[Keener, Craig S. *Miracles: The Credibility of the New Testament Accounts*. Grand Rapids, MI: Baker Publishing Group, 2011].

터너, 데이비드. 『마태복음』, 배용덕 역. 서울: 부흥과개혁사, 2014[Turner, David L. *Matthew*. BECNT. Grand Rapids, MI: Baker Publishing Group, 2008].

트웰프트리. 『초기 기독교와 축귀 사역』, 이용중 역. 서울: 새물결플러스, 2020[Twelftree, Graham H. *In the Name of Jesus: Exorcism among Early Christians*. Grand Rapids, Mich.: Baker Academic, 2007].

티슬턴, 앤서니 C. 『기독교 교리와 해석학』, 김귀탁 역. 서울: 새물결플러스, 2016[Thiselton, Anthony C. *The Hermeneutics of Doctrine*. Grand Rapids, Mich.: Eerdmans, 2007].

페이절스, 일레인. 『사탄의 탄생』, 권영주 역. 서울: 루비박스, 2006[Pagels, Elain. *The Origin of Satan: the New Testament Origins of Christianity's Demonization of Jews, Pagans and Heretics*. London, New York, Allen Lane: Random House, 1995].

폰 라트, 게르하르트. 『창세기』 국제성서주석, 한국신학연구소 역. 서울: 한국신학연구소, 1983[Rad, Gerhard von. *Das Erste Buch Mose: Genesis*. ATD 2/4.

Göttingen: Vandenhoeck & Ruprecht, 1972].

피, 고든. 『고린도전서』, 최병필 역. 서울: 부흥과개혁사, 2019[Fee, Gordon D. *The First Epistle to the Corinthians*. Rev. ed. NICNT. Grand Rapids, MI: Eerdmans, 2014].

피츠마이어, 조셉 A. 『앵커바이블 누가복음 II』, 우성훈 역. 서울: 기독교문서선교회, 2015[Fitzmyer, Joseph A. *The Gospel According to Luke: X-XXIV*. AYB 28A. London: Yale University Press, 1985].

하틀리, 존 E. 『레위기』 WBC 성경주석, 4, 김경열 역. 서울: 솔로몬, 2005[Hartley, John E. *Leviticus*. WBC 4. Dallas, Texas: Word Books, 1992].

해그너, 도날드. 『마태복음 14-28』 WBC 성경주석 33하, 채천석 역. 서울: 솔로몬, 2006[Hagner, Donald A. *Matthew 14-28*. WBC 33B. Dallas, Texas: Word Books, 1995].

허타도, 래리. 『주 예수 그리스도』, 박규태 역. 서울: 새물결플러스, 2010[Hurtado, Larry W. *Lord Jesus Christ: Devotion to Jesus in Earliest Christianity*. Grand Rapids, Mich.: Eerdmans, 2003].

헤르마스. 『목자』 교부 문헌 총서 14, 하성수 역. 서울: 분도출판사, 2002[Hermas. *Poimēn tou Herma*. Translated Lindemann, A., Paulsen, H. Tübingen: J.C.B. Mohr (Paul Siebeck), 1992].

헹엘, 마르틴. 『초기 기독교의 사회경제사상』, 이영욱 역. 서울: 감은사, 2020[Hengel, Martin. *Eigentum und Reichtum in der frühen Kirche: Aspekte einer frühchristlichen Sozialgeschichte*. Tübingen: Mohr Siebeck, 2005].

호슬리, 리처드 A. 『갈릴리: 예수와 랍비들의 사회적 맥락』, 박경미 역. 서울: 이화여자대학교 출판부, 2007[Horsley, Richard A. *Archaeology, History, and Society in Galilee: The Social Context of Jesus and the Rabbis*. Valley Forge, Pa.: Trinity Press International, 1996].

_____. 『서기관들의 반란』, 박경미 역. 고양: 한국기독교연구소, 2016[Horsley, Richard A. *Revolt of the Scribes: Resistance and Apocalyptic Origins*. Minneapolis, Minn.: Fortress Press, 2010].

홍국평. "미드라쉬 악가다: 기억의 하이퍼텍스트 공간에서 펼쳐지는 랍비들의 유희." 『신학논단』 78 (2014): 289-321.